透过财报观企业：

提高基本财务报表的分析能力

苏 波 著

合肥工业大学 出版社

图书在版编目(CIP)数据

透过财报观企业:提高基本财务报表的分析能力/苏波著 . —合肥:合肥工业大学出版社,2019.11

ISBN 978 - 7 - 5650 - 4678 - 0

Ⅰ.①透⋯ Ⅱ.①苏⋯ Ⅲ.①企业管理—会计报表—会计分析 Ⅳ.①F275.2

中国版本图书馆 CIP 数据核字(2019)第 246829 号

透过财报观企业:提高基本财务报表的分析能力

苏 波 著 　　　　　　　　责任编辑 袁 媛

出　版	合肥工业大学出版社	版　次	2019 年 11 月第 1 版
地　址	合肥市屯溪路 193 号	印　次	2019 年 11 月第 1 次印刷
邮　编	230009	开　本	710 毫米×1010 毫米　1/16
电　话	艺术编辑部:0551 - 62903120	印　张	13.25
	市场营销部:0551 - 62903198	字　数	220 千字
网　址	www.hfutpress.com.cn	印　刷	安徽昶颉包装印务有限责任公司
E-mail	hfutpress@163.com	发　行	全国新华书店

ISBN 978 - 7 - 5650 - 4678 - 0　　　　　　　　定价：68.00 元

如果有影响阅读的印装质量问题,请与出版社市场营销部联系调换。

前　　言

　　财务报表是为公司企业管理者和众多财务信息需求者、使用者而编制的,一般包括董事会、管理者、股东投资者、债权人、证券分析者、中介机构、职工雇员、政府部门、主管部门及社会公众等,报表使用者需要利用财务报表信息进行各种决策,进一步了解公司企业经营活动状况和发展趋势。

　　制定一项有效的经营决策仅仅根据财务报表提供的资料还远远不够,需要对报表提供的经营数据做进一步加工分析。财务报表分析是以公司企业经营活动为主体分析对象,以财务报表为主要数据信息来源,运用比较分析法等适宜的财务报表分析方法来系统认识企业的经营活动中成本效益发生的变动轨迹及结果。完整有效的财务报表分析目的是如实反映企业经营的收益和效率,帮助报表使用者了解过去、评价现在和预测未来,为提高决策质量提供依据。

　　企业财务报表质量的高低,信息使用者对财务报表理解的深浅,直接影响其决策的科学性和正确性。财务报表分析不是为分析而分析,也不是就财务论财务,而是应该将业务环节与财务活动紧密结合,分析"研、购、产、销"等环节业务及财务表现,做到知现在、析因果、测风险、展未来、布全局的整体财务分析观。

　　一个企业经营的好坏都会体现在财务报表上,如怎样提炼和整合海量的财务数据,发现企业经营的优劣所在;怎样通过财务分析发现风险并防范风险;怎样运用财务信息为决策者提供更有效的财务支持;怎样区分在不一样经济环境下公司财务分析的重点有什么不同;等等。从这个角度上看,每个社会人都应该掌握财务报表的基本分析方法,但是报表中项目很多,各报表的关系既独立又有相互的牵制和关联性。《透过财报观企业:提高基本财务报表的分析能力》一书力求对报表的专业性进行通俗解读,对开卷者有很好的启发指导作用。

　　本书包括公司企业经营和财务报表基础知识介绍、财务报表重点项目分析、公司战略及财务思维养成四大部分,分十章,框架完整,层次清晰,内容翔实,深入浅出。尤其是化繁为简、通俗易懂的表述,适合财务知识颇少,害怕看到大量枯燥的数据和复杂的表格,却又想要读懂财务报表的读者。希望通过阅读本书,读者建立起朴素的财务思维观念,直观地了解企业财务报表的内容,能够进行基础的财务报表分析,破解财务舞弊行为,从而为准确选择业务上的合作伙伴,进行高效投资等提供有效帮助。

　　作者水平有限,书中错误及缺憾实难避免,敬希读者赐教指正。

苏　波

2019 年 9 月

目 录

第一章　财务报表伴随企业的设立、发展、成长的全周期 …………… (001)

第一节　透过财务数据表象,看透企业经营本质 ……………… (001)

第二节　企业创建、发展、成长的主要业务类别 ……………… (009)

第二章　企业基本财务报表 ……………………………………… (021)

第一节　企业财务会计报表在企业经营活动中的作用 ……… (021)

第二节　公司经营最重要的三大基本财务报表 ……………… (026)

第三章　资产负债表的分析 ……………………………………… (036)

第一节　资产负债表的基本分析 ……………………………… (036)

第二节　资产质量分析 ………………………………………… (040)

第三节　负债质量分析 ………………………………………… (056)

第四节　所有者权益质量分析 ………………………………… (066)

第五节　企业偿债能力分析 …………………………………… (069)

第六节　企业营运能力分析 …………………………………… (076)

第四章　利润表的分析 …………………………………………… (084)

第一节　利润表的基本分析 …………………………………… (086)

第二节　企业盈利持续性标准 ………………………………… (089)

第三节　利润质量分析 ………………………………………… (099)

第四节　营业成本和期间费用影响利润的分析 ……………… (104)

第五节　利润表不完美的分析 ………………………………… (106)

第五章　现金流量表的分析 ……………………………………… (110)

第一节　现金流量表的基础分析 ……………………………… (110)

第二节　现金流量质量的分析 ·················· (118)

第三节　现金流量趋势的分析 ·················· (123)

第六章　所有者权益变动表的分析 ·················· (125)

第一节　所有者权益变动表与三大基本报表之间的关系 ·········· (126)

第二节　所有者权益变动表的信息分析 ·················· (133)

第三节　所有者权益变动表财务状况影响分析 ·············· (135)

第七章　财报综合解读——企业财务相关能力分析 ·············· (138)

第一节　企业财务能力概述 ·················· (138)

第二节　企业偿债能力多维度分析 ·················· (140)

第三节　企业营运能力多维度分析 ·················· (148)

第四节　企业盈利能力多维度分析 ·················· (152)

第五节　企业发展能力多维度分析 ·················· (156)

第八章　财报原理及财报质量分析 ·················· (161)

第一节　判断财务报表质量的步骤 ·················· (161)

第二节　防范财务报告舞弊的基本方法 ·················· (167)

第九章　财务报告与公司战略制定的关系 ·················· (175)

第一节　行业选择和竞争策略决策 ·················· (175)

第二节　公司运营与公司财务报表之间的关系 ·············· (182)

第三节　不同公司之间财务竞争策略 ·················· (184)

第十章　财务思维的构建与养成策略 ·················· (194)

第一节　财务思维的框架概论 ·················· (194)

第二节　财务知识学习的方法论 ·················· (199)

第三节　财务思维养成的核心三要素 ·················· (200)

第四节　正确构建财务思维体系 ·················· (203)

参考文献 ·················· (206)

第一章 财务报表伴随企业的设立、发展、成长的全周期

第一节 透过财务数据表象,看透企业经营本质

正规教育体系内的会计学习是从学分录开始的,以工业企业经营活动为案例,先学资金筹集、存货采购、产品生产的分录;再学收入确认、财务成果分配的分录。可是在教室里学了几年,证书拿了几张,学生可能都没见过一张真实的财务报表。会计人和财务人的差别到底是什么? 是经验,还是学历? 也许这些都不够,还要加上财务人的视野。

作为一名关注财务报表分析的人,应该具有什么样的财务视角呢,只会看几本账是不行的;不能像流水线上的工人一样,只盯着手中装配的几个零部件,看不清加工对象的全貌。新经济时代,财务与战略结合的研究不断深入,财务观念和财务技术日益创新,财务报表分析者要想避免被财务新观念新技术所淘汰,需要既懂财务技能又要学习经营管理,领会企业生存周期理论,建立营运活动全局观和业财融合的大局观。任何一家企业都会有生命周期,处于不同的周期会制定不一样的经营策略和财务战略。了解公司企业所在行业及自身所处的生命周期,将企业生命周期作为战略调整的主要考虑因素,以企业生命周期为主线来规制企业发展过程中的财务行为,分析生命周期各阶段显现的不同财务特征,这些是对财务会计人员的更高职业要求,也是财务报表分析者应具备的基本功。

一、生命周期及企业发展理论

(一)生命周期理论

美国哈佛大学教授拉芮·格雷纳(LarryE. Greiner)于1972年在其《组织成长的演变和变革》一文中率先进行了企业生命周期的内涵界定;尼尔森

(Nelson，1982)和温特(Winter，1984)等学者，则试图对企业生命周期进行生物学意义上的管窥。在他们看来，一切企业都和自然生物没有差别，经历出生、成长与消亡，无论是由微弱而壮大，还是盛极而衰落，都是企业自然发展所要经历的。和普通生物一样，企业也具有不断地自我更新的能力，且在内部进行着自发性的生长，试图实现突破。与生物的进化论具有同构性，企业也因其种类的繁多、旧有的运作机制以及发展的多种可能，在不断更新。企业的上升性发展不是一步就能完成的，需要长时期的累积性发展，这样方可实现突破性的发展，进而达到质变。而这整个过程中不同的企业又是各有特色的，它们各自需要解决的问题也会有很大的不同。

企业成长和发展过程中的各个阶段的特征是考察企业的重点，应从企业的重要技术研发的时间长度、新产品整个的销售时段、企业家自身的成长所需要的时间等不同维度对企业生命周期进行进一步的了解。对于企业来说，其发展演变具有持续性，整个流程可以由不同的时间段组成，在各个时段内，也都会有一个比较平稳的发展期，但最后都会因为发展遇到难题而打破应有的平静。从企业的角度出发，无论是重要技术研发的时间长度，还是企业家自身的成长所需要的时间，对于企业的生命周期产生着不可忽视的影响。无论企业处在任何一个发展时期，与之相适应的都有一定的发展特征以及运作形式，这些特点虽然不是趋同的，但又是可以把控的。可以采用不同的策略对企业的生命周期进行时段的划分，所有和企业生命周期相关的理论阐释都具有共通性，即视企业是一个鲜活的生命，是具有知识、肉体等的实实在在的人。以企业的成长历程为探索的入口，宏观而又深入地了解企业自成立到衰竭的生命周期，对于不同的发展时期，总结其阶段性的表征以及怎么应对出现的问题，这些问题是否有一定的相似性，能否总结出来一定的规律，进而探求企业长足发展的办法，避免后续的成长多走弯路。只有了解清楚企业生命周期的特点，才可能掌握企业不同发展时期的表征和潜在危机，这样也才能规避风险，新兴企业方能平稳而又顺畅地运行。而处于发展顶峰的企业也可以操作一些可控性的因素，综合利用各种条件，保持良好的发展势头，延迟衰竭期的来临，让企业增值。如果将观察视点拉长，将单独的企业和综合性的相关数据结合起来，会发现中国的民营高科技企业具有鲜明的周期发展特点。除此以外，依据生命周期相关理论的论述，企业处于不同发展阶段的交叉部分，会进行质变性的突破性发展，与之相适应也会遇到发展难题，如中国的民营高科技企业刚好处于这样的阶段，其发展也确实面临着一系列难题。具体问题有：处于当前发展时期的相关产权制度升级改革和企业家的代际以及后续的继承等。这些难题目前还没有明确的解决办法，但却又关系到企业长久的发展，所以不能被轻视。

(二)企业生命周期各阶段的特征

处在不同的生命周期点，企业呈现出来的发展特征都是不同的，下面将研究的重点放在企业的创立阶段、生长阶段、成熟阶段和突破阶段，探索不同时期企业呈现的状态，见表1-1所列。

1. 创立阶段

创业者一步步将自己设计的创业方案落到实处的时候，企业就成立了，此时企业就处于创立阶段。初创期因为资金不足，所以创业者把更多的目光放在盈利上，只有获取利润，企业才能生存下去。所以，大部分创业者都不会过度关注企业的规划和运行等情况。企业初创期又被人称为"疯狂时期"，创业者颇具创新与探索精神，大部分人都不会从职能的角度出发，进行企业的规划与设计。如果这一时期的创业者们，能够在其寻求发展机遇，不断创新的同时，还能结合理性思维，那么他们就有很大的成功可能性，同时还可能成为同期创业者中的佼佼者。若与之相反，即便能够取得眼前的胜利，后续的发展也是困难重重。大众对于新产品的接受有一个周期，初创企业的盈利增加速度很慢，企业背负的压力很多，有时非但不盈利反而损失很大。对于刚刚创立的企业来说，一定要规划好企业自身的运营状态，对自己研发的产品能有一个准确的认知，同时做好销售攻坚战，创造各种条件，使得企业健康成长。

表1-1　企业生命周期各阶段的特征

阶　段	特　征	重点问题	陷　阱
创立阶段	发展势头很猛，有决心有毅力，视一切事物都是发展机遇；尚未积累经验，面对未知的市场，盈利缓慢，发展压力大，但势头不错	形成企业自身的发展平台，保持稳定的人力、物力投入，改良企业发展的各种条件	产品定位陷阱
生长阶段	发展最迅速的时期，企业已经形成了规模效益，迅速地拓展市场，在市场中所占比重增加，品牌宣传深入人心，股权也变得越来越多样，但出现的问题也增多了	做好具有战略意义的筹划工作，使公司运行制度越来越完善，不断将股权优化	股权收益陷阱，企业扩张陷阱

（续表）

阶　段	特　征	重点问题	陷　阱
成熟阶段	企业伸缩自如，且具有很强的可操作性，在市场中所占比重基本不会有大的变化，组织管理都有规律可循，制度化得到完善，但缺乏创新与开拓精神	做好企业文化的建设与宣传，使重要竞争优势更加突出，不可轻视接班人的培育	管理困境与官僚体制陷阱
突破阶段	聚焦企业内部的争斗，不再关注客户的需要，职场如战场，不再进行企业的创新与开拓性发展，盈利下滑	进行由内而外的企业重塑，唤起创新意识	观念陷阱

2. 生长阶段

处于该阶段，企业发展非常迅速，且具有极强的拓展市场的能力，销售额呈线性增长，其在市场中所占的比重也会增加，无论是品牌效应还是企业的宣传都会取得很好的成绩。处于这一时期，企业的发展和之前有很大的不同，崭新的发展局势出现了，与之相适应的产权结构也会进行调整，股权变得越来越多样，且公开面向社会大众，创业者会让专门的经理人管理企业，自己对于企业的管理则慢慢减少。与此同时，授权式的企业管理会得到推广，管理也越来越规范合理。与之相适应的创业者和管理者之间的摩擦会增多，新旧员工也难免出现不和谐的问题。问题如果不能得到合理解决，企业背后可能会出现诸多变故。成长阶段即将结束的时候，资本积累目标基本达成，企业发展追求多条路径，但也有进行盲目性多元发展的危机。总体来看，这一时期，企业对于规划与管理更为关注，无论是业务能力还是对业务的阐释都很准确，企业被管理得井井有条。

3. 成熟阶段

一旦处于该阶段，表明企业很快就要迎来发展的顶峰，并且也将迎来长时期的稳定发展，这是创业者最希望的企业发展的阶段。处于该阶段，企业依然具有很强的灵活度，但是又与实际的操作处于一种和谐的状态。所以企业给人的感觉是充满活力的、不呆板的，是集纪律性和创新能力于一体的。这时企业在市场中所占比重基本不会有大的变化，组织管理都有规律可循，制度化得到完善，且已经形成了独特的企业文化与企业品格，但缺乏创新与开拓精神。该阶段企业不能拘泥于已有的成绩和赚取的利润，要开拓视野，聚焦市场需要，寻找新的经济生长点，同时让客户更加满意；企业要进一步增强自主创新的能力，加强对未来趋势的研判，避免核心能力的钝化。

4. 突破或衰退阶段

企业一旦发展成熟,就会进行新的上升性的发展,不然就会急速下滑。一般来说,很多企业迈进成熟期后都会呈现不同程度的衰退。在企业中,大家都在进行不同的竞争,很少有人理会客户的需求,人们日常工作的中心发生了偏移。一旦企业的收入无法满足需求,入不敷出时,企业也就走向结束。企业破产有时需要一个过程,有时是极速型的;也有一些企业打破发展壁垒,实现蜕变性的发展与超越。这需要企业不故步自封,更新运营程序,把握市场命脉,开拓全新的业务增长点,同时做好资源的规划,进行运营模式的改革。只有这样,企业才能焕发新的生命力,延续其寿命。

(三)企业如何获得有质量的长寿发展

如果将企业看作鲜活的生命,那么其也能打破已有的发展限度,灵活躲避不同发展时期的一系列致命性危险,保持稳定向上的发展势头。出于不同的原因,很多企业破产了,但能获得长足发展的企业都是有共同点的。探索长寿企业的成功之道,这项研究变得十分有必要。经调查发现,世界范围内有很多长寿公司,见表1-2所列,了解它们的运作模式会发现,其发展是有规律可循的。

表1-2　世界长寿公司概览

公　司	开创年份	公　司	开创年份
大众	1937年	强生	1886年
劳力士	1905年	西尔斯	1884年
杜邦	1802年	可口可乐	1886年
宝洁	1837年	壳牌	1890年
麦当劳	1955年	吉列	1901年
全聚德	1864年	丰田	1937年
同仁堂	1669年	松下	1918年

1. 环境感知力强,能积极适应

自然界中有适者生存一说,对于市场经济熔炉下的企业也是一样。任何企业都要清楚了解不同发展时期的发展特质、潜伏的危机以及诱发危机的因子,并积极做出应对准备,使发展变得顺畅。对于企业发展来说,环境因素具有极强的变动性,无论是贷款、税收,还是用户的实际需要、材料成本、技术研发等,都不是一成不变的,一个因素改变,企业经营就会跟着产生变化。所以企业对于环境的感知能力和适应能力都要提升,这样才能及时处理突发情况。一方面尽可能解决问题,另一方面企业还要做好防范工作,做好事前预警,辨析自身处在生命周期的具体位置,最好能预知下一个发展周期在什么时候,弄清楚现阶段与下一个阶段的潜在需要,并为之做好充足的准备。

2. 增强"体魄",提高实力

很多企业都会遇到发展瓶颈期,一旦到达这一时期,就难取得突破性的发展。之所以会出现这样的情况,是因为企业在管理上不够精细。要想改善经营管理,企业就要进行行之有效的制度改革,营造自身的文化氛围,这样才能获得长足发展。企业成长不只是量的集聚,也会有质的突破,所以除了追求规模效益之外,企业内部也要增强实力,做好内外互动,将外在资源真正融入内部。唯其如此,实力才会增长。

3. 始终具备创新意识,转折中实现突破

正如艾迪斯说的那样,无论是成长还是衰退,和企业的规模以及发展年限没有必然的联系。企业并不一定会出现老化并衰退的现象,若一味停留在既有的发展架构中,不进行发展模式的创新,且缺乏发展的活力,那么企业注定会衰退。所以处于任何时期,企业都要头脑清醒,极具忧患意识,保持创新与突破的精神,这样才能为企业注入不竭的生命力。

4. 调控发展速度,平衡稳健发展

任何企业要想获得持久的生存,都要注意把控一个"度",诸如发展的速度、变革的强度以及产品的市场接受度等都属于"度"的范畴。在企业自由发展的时候,要使发展始终处于可调节的范畴内,以此为基础进行创新与求索,追求发展的进度和发展的效率,摆脱发展过程中的盲目性,不能被市场诱惑遮蔽耳目。控制好发展的进度,不要急于求成,如果发展过快,一味地追求速度,就可能造成发展畸形,进而导致失败。因此调节企业发展的进度,在发展的同时注意进行功能性的调节,这样企业才会进步。此外,财务问题要特别警惕,支出和收入要成比例,避免入不敷出现象,避免业务不盈利、资金链断裂导致企业破产。

(四)快速寻找到企业发展天花板

天花板的含义即某企业或者某一行业提供的产品(也可以是服务)超过实际需要的一种市场状态。尚未投资的时候,就应该弄清楚企业目前是什么状态,再以此为依据规划投资。分析情况的时候,除了展望该行业的发展前途外,还要看清企业具备的发展实力。

1. 抵达天花板的行业——饱和度过高的行业

那些有实力进行垄断的大型企业会吞噬发展较差的企业,并增加所拥有的市场比重,减少成本开支,从而制定出新的产品标价,新的市场壁垒也在这一过程中形成了。无法减少成本的兼并都是存在不足的。即便在经济发展缓慢时期,大型企业依然可以通过投资在该行业获利。

2. 新的饱和期还没来临

随着产业结构优化,市场需求不断增加,之前的天花板被打破,但新的饱和期还没来到。例如,通信业就是这一类型。这一类型的企业大部分早就获得了充分的发展,而其之所以有很好的发展前景,就是因为技术不断革新,与之相适应,市场需求也在增多。正是因为创新,不同行业的短暂性稳定与平衡自然就消失了,新的需求也会随之产生。

3. 行业的天花板还没有明晰的一些行业

有的行业刚刚处于起步阶段,市场上对其需求在不断累积,其具有非常广阔的发展前途,比如说节能材料的兴起;有的则属于快速消费类型的商品,旨在改善人们的生活品质,具体如医药产品以及与之相关的服务型产品。很多大型企业都是从类似的行业崛起的,所以应将关注的焦点放在细小行业中脱颖而出的企业。

二、商业模式

所谓商业模式,即企业供应的具体的商品或者特定的服务,企业采取何种办法从哪些对象那里获得利益。就像制造业通过生产实用性的商品,卖给消费者来获利以及商业企业采用不同手段的销售获取利润等。商业模式主要的竞争优势以及壁垒加在一起,使得公司能够吸引投资。商业模式即企业怎样赚取利润,主要竞争力就是企业获取利润的能力,壁垒旨在预防竞争对手的公司迈进该领域。

有经济学家认为,一味地计算,盯着资产负债表不放,要取得成功是困难的。坦诚地看待这个问题,只在意负债资产金额,不去探究引发负债的原因以及了解企业运作形式的投资者,都不可能获得真正的成功。

除此之外,对于企业的研究调查不能仅仅通过一些企业公布出的数据进行判断,而是要把眼界放宽一点,格局放大一点,仔细地寻找到该企业经营方式的实质。

财务报表只是企业经营活动的表象，这个表象有时候并不能准确地反映企业的经营本质，还需要有经验的人员去伪存真看清企业的真实情况。

三、透过现象看本质

(一)货币计量的报表不能反映非财务信息

财务报表中的数据采用的是货币计量的方式，提供的是定量性、货币性的信息。企业的经营涉及方方面面，不能仅仅掌握了一些数据，就认为自己对该企业足够了解，数据不会体现该企业的企业形象、企业文化、技术经营等多个方面。这些资源不能直截了当地转化为公司的财务资源，不过这些对于一个企业未来的发展前景是非常重要的。尤其是近年发展势头十分迅猛的新兴高科技企业，这些方面的好坏才是衡量这些企业的标准。例如，一个企业如果欠有外债、提供担保的项目等，对一个企业的未来经营的安全性和盈利能力都存在重大影响，这是我们判断企业好坏的重要指标，不过这些因素是无法体现在企业的财务报表之中。因此，我们在做财务分析时，除了分析财务报表中的数据，还要考虑这些无法列示的表外信息。只有把表内财务信息和表外非财务信息结合起来考虑，我们才能做出一个相对可靠的分析结论。一个有经验的财务人员会非常关注财务报表附注中提供的一些重要的非财务信息。

(二)警惕财务指标表象背后的假象

撇开财务人员故意舞弊做假的情况，严格按照企业会计准则进行账务处理，仍然会有一些假象。这时候就要洞察这些数据的假象，看到企业真实的财务状况。比如亏损的企业，其利润表中的净利润为负值，能否就此断定其盈利能力差呢？答案是否定的，企业亏损的原因有很多，需要仔细查找亏损的原因；如果是由主营业务导致的亏损，则表明企业的经营活动出现了问题；如果是由非经营活动的营业外支出或者某次投资损失过大导致的亏损，则问题不是很大。因为只要公司的主营业务的持续盈利能力依然很强，那么公司也不会因为一次偶然的损失导致公司元气大伤，那就不能断定公司的盈利能力差。中国保险领域的重要领军企业中国平安保险(集团)股份有限公司(以下简称"平安保险集团")于 2007 年 11 月 27 日，决定抢占国外保险市场，花费了大约 18.1 亿欧元买进了欧洲富通集团 9501 万股股份，这些股份大概占据了该企业总股份的 4.18%，这也使平安保险集团变成了富通集团第一大单一股东。这场交易引起了社会的广泛关注。因为这场交易是我国保险行业第一次投资海外市场，不仅如此，它也很有可能是我国保险行业经营的经典创新。然而由于金融危机的影响，导致富通集团股价大幅度下跌，也因此导致平安保险集团亏损了157亿人民币。这也表示了这次投资是一次失败的投资。不过幸好平安保险集团最终渡过了难关，成为中国第一大保险公司。

　　财务报表的表面现象与企业真实的财务状况之间是有误差的，不能盲目地相信账面的数据，我们必须具备透过现象看本质的能力。

第二节　企业创建、发展、成长的主要业务类别

　　从基本财务报表构成来看，企业对外披露的财务报表，包括资产负债表、利润表、现金流量表和股东（所有者）权益变动表。下面通过一些企业经营案例来说明企业的主要业务与三张基本财务报表之间的逻辑联系。三张空白的基本财务报表请见表1-3至表1-5所列。

表 1-3　资产负债表　　　　　　　　　（单位：万元）

项　目	金　额	项　目	金　额
资产		负债	
流动资产		流动负债	
		非流动负债	
非流动资产		负债合计	
		股东权益	
资产总计		负债与股东权益总计	

表 1-4　利润表　　　　　　　　　（单位：万元）

项　目	金　额
收入	
费用	
利润	

表 1-5　现金流量表　　　　　　　　　（单位:万元）

项　目	金　额
经营活动产生的现金流量	
投资活动产生的现金流量	
筹资活动产生的现金流量	

　　这三张基本财务报表样式是一般初学者学习使用的基础模板,便于初学者理解报表的结构和内容。下面就从企业设立之初开始分析。

　　第一项业务:企业创建。股东投入货币资金 8000 万元创建一家企业,这是股东用自有资金创建的一家企业。简单地说,就是一个新企业的货币收入量增加了,即新企业的货币资金增加了 8000 万元。那么在资产负债表中,这 8000 万元的货币资金增加就是资产的增加。因为站在会计视角上,资产定义为企业所拥有或者控制的、未来可以导致企业经济利益流入且能够用货币来表现的经济资源。显然,货币资金拥有资产的一切特性,属于企业资产的组成部分。按照会计的复式记账方法来看,仅仅反映货币资金增加 8000 万元是不够的。财务报表还必须解释这项业务的来龙去脉,交代业务的因果脉络。财务报表必须告诉大家:这 8000 万元货币资金是怎么来的?必然涉及资产负债表的另一个项目的变化。此处思考一下,在资产负债表中,另外一个受到影响的项目是谁呢,很明显,这项业务只带来了货币资金这项资产的增加而没有影响其他资产的变化,影响负债吗? 非也,因为 8000 万不是借债获得的。受到影响的只能是股东权益里的项目。股东权益里的第一项是实收资本(在上市公司叫股本)。假设这家新成立的公司是一个非上市的有限责任公司。对于非上市的有限责任公司,其股东出资一般叫实收资本,即实际收到的资本。因此,股东入资 8000 万元使得实收资本增加了 8000万元。经营活动经过这样处理后,使资产负债表左右两边是相等的,用会计术语说两边是平衡的。资产(货币资金)8000 万元＝负债(0)＋股东权益(8000 万元),见表 1-6 所列。

表 1-6　资产负债表——第一项业务的影响　（单位：万元）

项　目	金　额	项　目	金　额
资产		负债	
流动资产		流动负债 非流动负债	
货币资金	8000	负债合计	0
		股东权益	
非流动资产		实收资本	8000
		股东权益合计	8000
资产总计	8000	负债与股东权益总计	8000

　　发生的经济业务除了对资产负债表有影响以外，还要清楚对另外两张财务报表——利润表和现金流量表的影响。

　　利润表的关系表述是：收入－费用＝净利润。

　　一般情况下，企业的利润是通过市场交易来实现的。股东入资这一活动是不是企业的销售活动呢？股东入资这一业务显然与利润表没关系，不会引起任何利润表项目的变化。需要提醒大家的是，在现在的会计业务里，也有不通过对外交易而实现盈利或亏损的。例如，按照现行会计准则，如果一些资金是由于交易产生的话，要及时了解其中的变化，并且使该变化的财务报表列示直接导致企业财务成果盈利或者亏损，对利润表有直接的影响。又比如，企业的货币资金由于汇率变化而导致币值的增加或减少，这种不需要对外交易而是货币资金由于汇率变化所导致的盈亏，利润表中有一项目是"公允价值变动收益"用来专核算此内容。

　　最后，还要看一下这项业务对现金流量表会产生哪些影响。什么样的业务会引起现金流量表的变动呢？研究发现，如果企业与自己之外的企业或者个人有货币资金的往来，就会影响到现金流量表的改变。在该表中，公司的资金流向有三个方面：第一是在举行一些活动时需要投入资金；第二是在活动准备期时也需要投入资金；第三就是在活动刚提出时，需要吸引他人投资所需要的资金。

　　股东投资是企业从外部获得货币资金的活动，属于筹资活动的现金流量中的现金流入量，这项企业货币资金增加的原因是吸收股东入资收到的现金。股东投资对现金流量表的影响见表 1-7 所列。

表 1-7 现金流量表——第一项业务的影响 （单位:万元）

项　　目	金　　额
经营活动产生的现金流量	
投资活动产生的现金流量	
筹资活动产生的现金流量	
吸收股东入资收到的现金	8000
货币资金净增加	8000

　　股东投资对财务报表影响的总结为:该投资业务对资产负债表的左右两方都有影响且影响的金额相等,不影响利润表,对现金流量表的筹资项目有影响。至此,这笔股东入资 8000 万元就可以宣告公司成立了。

　　第二项业务:从银行借款。企业从银行借款 5000 万元,期限为 9 个月。有了第一项业务的基础,这项借款业务理解起来就较容易了。这项借款业务使得企业又获得货币资金了——从银行借来的。根据现行财务制度,期限在 1 年以内的借款叫流动负债,期限在 1 年以上的借款叫长期负债,也叫非流动负债。

　　这项业务对资产负债表的影响是:增加右边负债中的流动负债下的短期借款 5000 万元;对利润表的影响还是没有;对现金流量表中筹资活动产生的现金流量产生了一定影响——现金流入量增加 5000 万元。第二项业务发生后,资产负债表和现金流量表的情况见表 1-8、表 1-9 所列。

表 1-8 资产负债表——第一至第二项业务的影响（单位:万元）

项　目	金　　额	项　目	金　　额
资产		负债	
货币资金	13000	流动负债	
		短期借款	5000
		负债合计	5000
		股东权益	
		实收资本	8000
		股东权益合计	8000
资产统计	13000	负债与股东权益总计	13000

表 1-9　现金流量表——第一至第二项业务的影响（单位：万元）

项　目	金　额
经营活动产生的现金流量	
投资活动产生的现金流量	
筹资活动产生的现金流量	
吸收股东入资收到的现金	8000
取得借款收到的现金	5000
筹资活动产生的现金流量净额	13000
货币资金净增加	13000

分析一下从银行借款对财务报表的影响：本业务对资产负债表的两方均有影响，对利润表没有任何影响，对现金流量表的一个项目有影响。

作为企业，没有货币资金是不行的，但仅有货币资金也是不行的。企业必须让资产不断地变换形态来实现增值。这就需要一些物质和技术条件。

第三项业务：购买无形资产。企业用货币资金 3000 万元购买土地使用权。为了大家便于理解，我们暂时不考虑与购买无形资产相关的税金问题（如印花税等），简化为用 3000 万元购买一个土地使用权。在现在的财务制度规定中，土地使用权归属于"无形资产"。此处需注意的是凡是导致货币资金增减的业务，要先把货币资金的动向说清楚。企业购买土地使用权导致货币资金减少 3000 万元，同时导致企业无形资产（土地使用权）增加 3000 万元。第三项业务发生后，资产负债表的情况见表 1-10 所列。

表 1-10　资产负债表——第一至第三项业务的影响（单位：万元）

项　目	金　额	项　目	金　额
资产		负债	
货币资金	8000＋5000－3000	流动负债	
		短期借款	5000
		负债合计	5000
		股东权益	

（续表）

项　目	金　额	项　目	金　额
无形资产	3000	实收资本	8000
		股东权益合计	8000
资产总计	13000	负债与股东权益总计	13000

这笔开支为什么没有引起资产负债表右边的负债和权益的变化呢？这3000万元笔钱是谁出的呢？暂时没有必要去想这笔钱是借款人还是投资人的钱。本业务属于资产项目形态的变化，与负债和股东权益没有关系。

由于企业动用货币资金购买无形资产，因此，此项业务一定对现金流量表产生影响。企业用货币资金3000万元购买土地使用权，使得现金流量表中购建固定资产、无形资产支付的现金增加3000万元。

第三项业务发生后，现金流量表的情况见表1-11所列。

表1-11　现金流量表——第一至第三项业务的影响（单位：万元）

项　目	金　额
经营活动产生的现金流量	
投资活动产生的现金流量	
购建固定资产、无形资产支付的现金	-3000
投资活动产生的现金流量净额	-3000
筹资活动产生的现金流量	
吸收股东入资收到的现金	8000
取得借款收到的现金	5000
筹资活动产生的现金流量净额	13000
货币资金净增加	10000

是否有发现资产负债表和现金流量表有什么内在联系？看看这几项业务，在这两张报表里，现金流量表的内容与资产负债表中包括的内容十分相似。但后者只能表示资金在经过一定时期变化以后的一个余额数字，现金流量表则展示了货币资金这个项目数字的变化过程和结构，业务案例揭示

了两张报表之间的关系:企业的现金流量表是对其资产负债表中货币资金期末数字与期初数字差异的分类说明。实务中,企业的货币资金数字变化与现金流量表的现金流量内涵可能会出现不一致的情况。

第四项业务:购买固定资产。企业用货币资金4000万元购建长期经营用的厂房和机器设备(为便于初学者理解,我们忽略税金、装卸费、运费、安装费等因素)。在会计上,长期经营用的厂房和机器设备列为固定资产。这项业务用4000万元的货币资金购建固定资产。与无形资产的购买业务类似,第四项业务的发生对资产负债表的影响是:一项资产(货币资金)减少4000万元,另一项资产(固定资产)增加4000万元。对现金流量表的影响仍是购建固定资产、无形资产的支出增加4000万元,本业务对利润表仍没有影响。第四项业务发生后,资产负债表和现金流量表的情况见表1-12、表1-13所列。

表1-12　资产负债表——第一至第四项业务的影响(单位:万元)

项　　目	金　　额	项　　目	金　　额
资产		负债	
货币资金	8000＋5000－3000－4000	流动负债	
		短期借款	5000
		负债合计	5000
固定资产	4000	股东权益	
无形资产	3000	实收资本	8000
		股东权益合计	8000
资产总计	13000	负债与股东权益总计	13000

表1-13　现金流量表——第一至第四项业务的影响(单位:万元)

项　　目	金　　额
经营活动产生的现金流量	
投资活动产生的现金流量	
购建固定资产、无形资产支付的现金	－3000－4000
投资活动产生的现金流量净额	－7000

（续表）

项　目	金　额
筹资活动产生的现金流量	
吸收股东入资收到的现金	8000
取得借款收到的现金	5000
筹资活动产生的现金流量净额	13000
货币资金净增加	6000

　　这四项业务发生以后，表明企业为生产经营做好了准备，企业可以从事具体的生产经营了。由此，真正的会计业务处理和财务思维的培养开始了。

　　第五项业务：购买存货。企业用货币资金 2000 万元购买用于销售的产品（为便于理解，此处忽略采购环节的运杂费、装卸费、税金等因素）。企业购买的用于销售的产品都叫存货。对于这项业务与财务报表关系的分析，我们仍然沿用上面分析的路径，凡是与货币资金有关的业务，先分析货币资金的流向。第五项业务的发生对于资产负债表的影响是：一项资产（货币资金）减少 2000 万元，另一项资产（存货：企业用于销售的或者快速消耗的资产）增加 2000 万元。本业务对于现金流量表有什么影响呢？回溯上面的案例，就会明白，凡是企业与外部发生货币流转的业务，就一定与现金流量表有关。第五项业务发生后，资产负债表和现金流量表的情况见表 1-14、表 1-15 所列。

表 1-14　资产负债表——第一至第五项业务的影响（单位：万元）

项　目	金　额	项　目	金　额
资产		负债	
货币资金	8000＋5000－3000 －4000－2000	流动负债	
		短期借款	5000
存货	2000	负债合计	5000
固定资产	4000	股东权益	
无形资产	3000	实收资本	8000
		股东权益合计	8000
资产总计	13000	负债与股东权益合计	13000

表 1-15　现金流量表——第一至第五项业务的影响（单位：万元）

项　目	金　额
经营活动产生的现金流量	
购买商品,接受劳务支付的现金	−2000
经营活动产生的现金流量净额	−2000
投资活动产生的现金流量	
构建固定资产,无形资产支付的现金	−3000−4000
投资活动产生的现金流量净额	−7000
筹资活动产生的现金流量	
吸收股东入资收到的现金	8000
取得借款收到的现金	5000
筹资活动产生的现金流量净额	13000
货币资金净增加	4000

第六项业务:销售商品获得营业收入。企业将购入的存货中账面价值1000万元的货物售出,作价1500万元,货款尚未收取,双方约定2个月以后收取货款。

这项业务理解起来非常简单:企业把账面1000万元的货物作价1500万元卖出去了,只是当时没有收到货币资金。从资产方面来说1000万元的资产(存货)没有了,变成了1500万元的应收账款(债权,归属于资产)。由于这500万元的增值是通过对外交易获得的,因此是企业赚得的利润(即毛利＝营业收入−营业成本)。

但是,会计的分析和财务报表的反映是基于另外的角度。从企业的日常经营情况来看,很难做到在每一项销售业务发生时立即确认所销售的存货的成本。更多情况下,销售活动是企业的销售人员或者业务人员日常完成的事情,成本确认则往往是企业在会计期间结束时由财务会计人员完成的。因为,销售活动的实施主体是企业的销售人员,成本确认的实施主体是企业的财务人员。在会计的处理和财务报表的反映上,是从营业收入的确认和营业成本的确认两个方面分别进行的。

营业收入的确认。企业通过销售活动已经取得了1500万元的债权。在会计上,我们在这个阶段不会讨论这1500万元是由什么换来的。实际上,很多企业存在这样的情况,企业对外销售的不是实体性的存货而是劳务,比如酒店出租房屋的收入,在对外销售时,并不直接表现为实体性资源的减少。

会计上的逻辑关系是:企业的 1500 万元债权是通过对外销售活动获得的。对外销售所获得的资源增加,既不属于企业的债务,也不属于股东的入资,但企业的这种资源增加属于股东权益的增加。我们把引起这种增加的项目称为营业收入。因此,企业通过销售活动取得 1500 万元的债权对资产负债表的影响是:资产项下的应收账增加 1500 万元,股东权益项下的营业收入增加 1500 万元。第六项业务营业收入确认后,资产负债表的情况见表 1-16 所列。

表 1-16 资产负债表——第一至第六项业务营业收入确认后的影响

(单位:万元)

项 目	金 额	项 目	金 额
资产		负债	
货币资金	8000-5000-3000 -4000-2000	流动负债	
应收款项	1500	短期借款	5000
存货	2000	负债合计	5000
固定资产	4000	股东权益	
无形资产	3000	实收资本	8000
		营业收入	1500
		股东权益合计	9500
资产合计	14500	负债与股东权益合计	14500

再看看这项业务是否对企业的利润表有影响。显然,企业的这项业务引起了利润表的第一个项目"营业收入"的增加。因此,第六项业务的营业收入确认后,利润表的情况见表 1-17 所列。

表 1-17 利润表——第六项业务发生以后的影响 (单位:万元)

项 目	金 额
收入	
营业收入	1500
费用	
利润	1500

　　由于本项目尚未收到货款,不涉及现金流量,因此对现金流量表没有影响。

　　第七项业务:营业成本的确认。此处继续分析本业务的另一方面,取得营业收入需要付出的代价,即营业成本。很显然,企业获得 1500 万元收入的代价是 1000 万元的货物出售(即企业存货的减少),这个代价是 1000 万元的营业成本。

　　从性质来看,由于存在营业成本,本业务的销售收入 1500 万元并不是说股东的权益增加了 1500 万元。本项销售业务引起的股东权益增加净额是营业收入减去营业成本后的部分,即 500 万元(即毛利)。因此,在确认营业成本时,资产负债表发生了这样的变化:资产项下的存货减少 1000 万元,股东权益减少(营业成本增加)1000 万元。第七项业务的营业成本确认后,资产负债表的情况见表 1-18 所列。

表 1-18　资产负债表——第七项业务发生以后的影响

(单位:万元)

项　　目	金　　额	项　　目	金　　额
资产		负债	
货币资金	8000－5000－3000－4000－2000	流动负债	
应收款项	1500	短期借款	5000
存货	2000－1000	负债合计	5000
固定资产	4000	股东权益	
无形资产	3000	实收资本	8000
		营业收入	1500
		减:营业成本	－1000
		股东权益合计	8500
资产合计	13500	负债与股东权益合计	13500

　　同样,企业营业成本的确认引起了利润表下的"营业成本"项目的增加。因此,第六项业务的营业成本确认后,利润表的情况见表 1-19 所列。

表 1-19 利润表——第六项业务发生以后的影响（单位:万元）

项　目	金　额
收入	
营业收入	1500
费用（营业成本）	－1000
利润	500

　　我们进行上述处理,依据的是会计学的基本原理,目的在于展示经济业务与财务报表之间以及各个财务报表之间的内在联系。这种处理与我们的常识非常相似,企业的资产增加 500 万元,是由存货 1000 万元换来的。在交换的过程中,有了 500 万元的增值,股东权益(毛利)增加了 500 万元。

　　截至目前,三张基本财务报表的关系已经很清楚了。三张报表的核心是资产负债表,利润表是对资产负债表股东权益中利润积累部分内容的说明,现金流量表是对资产负债表第一项中的货币资金在年度内的变化进行的说明。需要注意的是,企业有利润并不等于有现金净流量。到现在为止,企业已经获得了利润 500 万元,但是没有任何经营活动现金流入量。造成这种情况的原因是利润表的确认基础是权责发生制,现金流量表的确认基础是现金收付制。这也是目前比较流行的上市公司财报分析的特点,即重点分析企业的现金流而非利润,有兴趣的读者可以看一下财务分析方面的书籍。

第二章　企业基本财务报表

财务报表为什么很有用,因为投资人或利益相关者很想了解公司有多少资产,欠别人多少钱,公司有多少收入,赚了多少钱,公司的现金收入支出情况等,在没法到现场查看这些信息,也没法一项项找人询问时,就要求公司财务部门把这些相关数据信息都编写到报表里面。投资人或利益相关者只需要拿起财务报表,运用一定的分析方法,就可以对公司的财务信息如资源、效益、现金流有一个全方位的了解,做相关决策时便有了经济信息依据。

初学者不用太担心财务专业的高难度技巧,只要读懂四张基本财务报表,就能知晓公司经营管理的"线路图",按图索骥就能看清公司经营活动的真面目。

第一节　企业财务会计报表在企业经营活动中的作用

财务会计报表是企业以现有的营运活动信息为基本,使用特定的方案,能够客观合理地描述公司详细的运营情况。报表也是体现一个企业具体财务信息的重要方式,对公司的经营活动分析起到了十分关键的作用。

一、财务报表的作用主要有两个方面

（一）为需要报表的人员报告与报表有关的企业相关信息

编写财务报表最主要的目的是能够使投入资金的人对相关企业有比较客观的认识,从而使投资者能够掌握该企业真实的经营情况,包括对该企业本身所具备的经济实力,该企业的发展前景,该企业具体的经济收入和支出,还有该企业在不同经营领域所投入的资金比例,各项投入的损失以及盈利情况。这样能够使投资者做出他们认为最值得的选择,能够使投资者投入资金时拥有更多的信心,得到对该企业最真实、合理、客观的评价,从而酌

情给该企业投入资金。因此,为投资者提供自身企业最真实、客观的经营情况有助于投资者对该企业有一个比较客观的认识,从而能够更加放心地为企业投入资金,并且决定投入资金的具体数额。

不仅仅是企业投资人需要利用财务报表,那些债权人员以及政府管理部门,还有那些税务机构的人员也需要财务报表对相关企业进行财务情况分析。客观来说,因为与财务报表内容利益最相关的就是投入资金的人员,因此如果报表的内容得到了他们的认可,那么这份报表大概率能够得到大部分使用这份报表的人员的认可。

(二)能够表达公司经营者的任职情况,更加便于利用财务报表的人做出决定

如今的公司非常重视权力分割,尤其是公司拥有权以及经营权。公司经营者相当于公司资产的保管者,具有保管资产的责任,也就是说公司经营者所经营的资产大部分都是投资者所拥有的财产。因此,公司的经营者既然接受了这份责任并且得到了报酬,他们就需要正确有效合理的对这些资产进行管理。所以投资人也是需要不时地对企业的管理情况有一定的理解,然后能够对于公司经营者的管理情况有一定的认识,并且对这些经营者的能力有一定的认识,还要考虑是否更换经营者,以及更换经营者的方式。所以,财务报表需要尽可能的真实才能够反映经营者的能力。这也能够帮助其他相关人员对该企业有正确、客观的认识。

二、为什么要进行财务报表的分析

一般来说,公司都会雇佣财务专业能力较强的人才来对公司的财务状况进行管理。如今由于我国经济实力越来越强,相关制度也越来越完善,相关人员能够通过分析财务数据来得到更多的信息。这些信息对于投资人员以及企业管理人员都有较大的帮助。一般情况下财务报表最主要的内容有三个:第一是能够对企业经营情况进行描述;第二是能够详细解释这些企业的经营状况;第三是能够通过这些财务报表对企业的经营情况以及发展前景进行推测,预测该企业能否在该经营理念下更好地发展,以及这些数据对企业的限制条件。下面综合描述三大基本报表分析的相关作用。

(一)财务报表分析的内容、方法、目的

1. 财务报表分析的内容

一般财务报表需要分析许多方面的内容,最主要的是对企业负债情况以

及盈利情况所得到的数据进行分析。因为这些内容是对该企业的经营情况进行多角度、全方位的分析。当然，分析需要对许多的情况都熟练掌握，才能够更加高效正确地得到相关信息。得到的信息包括了企业以往、如今以及今后的发展状况，能够有效帮助企业管理层对公司的领导。因为分析报表得到的信息较多，因此需要对得到的信息进行分类。这些信息包括四个方面，分别是财务状况、经营状况、收入状况以及支出情况。第一个方面，对于公司具体的财务情况的分析也包括公司具体资金的分析、所得收入的分析以及可用资金情况的分析。第二，企业偿债能力是指企业偿还债务的承受能力情况，它不仅反映着企业的整体经营情况，而且也彰显着企业收入分配能力的高低。企业的偿债能力分析主要从短期偿债能力和长期偿还能力两个方面入手，前者主要是就短时间内债务情况来分析企业的资产流动状况，如流动资金、营运资金以及比率等内容；而后者主要是针对较长时间内的债务的能力状况的分析，如资产负债比率、产权比率等内容；此外，也包括总资产、流动资产、应收账款、存货等的周转能力分析以及企业赢取利润的能力分析等方面。

2. 财务报表分析的方法

比较常用的分析方法主要围绕着比率、比较、趋势、结构以及因素等方面进行的分析，此外还有围绕着项目、图表等来分析的，大体主要是以上这七种类型。

3. 财务报表分析的目的

提供直观的信息以及满足基本的信息需求即为财务报表分析的目的，如对业绩的对比和评价分析，就过去、现在以及将来等的经营状况的分析，从而总结经验、弥补不足以及预见未来等。当然，财务报表分析的目的往往也会因人而异。第一，对投资人而言，通过分析企业的资产、流动资金以及盈利情况进而考虑值不值得进行投资；第二，对债权人而言，通过分析财务风险、贷款情况、企业的资金现状、流动与盈利情况等的考虑，进而决定是否进行贷款以及充分衡量自身的偿债能力；第三，对企业主管部门而言，分析企业的财务状况可以衡量企业的纳税比率、对社会的贡献率以及员工的工资分配情况；第四，对经营者而言，如何有效决策、正确决策以及提高经营水平，通过财务报表分析可以使这些做得更好。本书是从财务管理人，即企业经营者的角度入手进行分析，总结出对财务报表分析的好处和作用，进而用于改善企业的财务经营状况，为提高企业的经营能力和业绩水平提供更加合理的规划和依据。

(二)三大基本报表分析在企业经营管理中的作用

1. 资产负债表分析在企业经营管理中的作用

资产负债表是对企业会计期末全部资产的综合体现，是对企业负债情况的集中表现，是对所有者权益的综合描述，所以某个时间节点的财务状况往往更能体现企业的价值。通过分析资产负债表可以充分了解企业的资金投资情况，足够的资产是企业经营的基础，是企业投资的前提，是企业获利的保证，所以它对企业进行财务管理和资金分配及金融投资等方面起了非常重要的作用。资产负债表左边的是投资活动的结果，右边的是融资活动的结果，都是企业资产运营的结果。企业投资包括对内和对外两个过程，前者体现在如企业购置流动资产、固定资产等方面，后者体现在对企业实施购买股票、债券以及联营等的操作。资金非常重要，如果没有投资资金，企业难以正常运营，所以必要的融资也就显得非常重要。资产负债表分析的重心是企业价值分析，即过去的经营数据分析成为现在的价值参照物，进而发挥应有的指导作用。所以，通过对资产负债表的分析可以充分了解企业的资金结构规模、资产情况、负债金额，进而有助于财务管理者进一步的管理企业，制定良好的经营策略，明确好财务管理者受托责任及义务，最终优化实施方案，降低投资风险率和发生财务危机的概率，进而将企业的利润最大化。

2. 利润表分析在企业财务管理中的作用

利润表是资产负债表之间的财务业绩的体现，是企业经营收益的表现，更是企业在一定时间里全部经营活动成果的综合展现。所以，它一般是通过反映企业某个时间段内的经营状况和盈利情况，进而反映企业的价值所在。利润表通过企业成本支出情况和利润情况，进而全面展示了企业的经营业绩状况和生产经营成果。此外，利润表里包含的年度、月季等的数据，能够成为衡量企业发展趋势和获益情况的有效说明和证据，所以充分分析和利用好这些数据能够真正服务于企业管理者。分清企业成本支出的内容，如产品成本、税务、中间费用等，进而进行有效的结构调整和资金管理，最终优化企业的经营策略。

3. 现金流量表分析在企业财务管理中的作用

现金流量表是以资金为依托对财务状况说明而形成的变动表，充分反映了企业的资金流动情况，无论是流入，还是流出，都表明企业具备一定的资金管理和流动能力。从财务角度看，企业就是一个资金流动的管理和运作程序,资金从企业之间来回地流入流出,是一个循环往复的过程。足够的现金流转能够说明企业的健康状况与否,所以也是衡量企业价值的重要指标。分析现金流量表,不仅有助于企业了解自身的融资能力,还能获悉自身的筹资水平,更能了解投资活动对企业现金流的影响情况,进而让财务管理人员知道企业的资金是如何进行流转的。同时,企业的资金流转也能够帮助企业分析自身的偿还债务能力、衡量企业当前的经营策略是否恰当和有效、资金的盈余流量情况、企业的融资方式是否适应企业的整体经营风险。

三、财务报表可以分析企业经营的四个维度

随着经济社会的发展及面临竞争的加剧,要想了解一家公司财务报表数据背后隐含的经济活动的形成,我们不能仅仅只看到自身的财务情况,也应该看到企业之外的情况,如外部市场环境、行业竞争状况等。所以对财务报表的分析就离不开对环境、行业、竞争者以及企业自身等方面的分析。

(一)环境维度分析

外部环境,尤其是经济环境因素对企业的发展也起着非常重要的作用。如国家政策、法律政策、行业政策等。只有充分考虑各种外部环境因素,才能充分发挥企业财务分析报告的作用,从而充分发挥积极效用,以促进企业的发展和利益的最大化。

(二)行业维度分析

行业往往是影响企业生存、发展的重要背景环境,在企业的财务报表中也有所体现。当行业面临着发展瓶颈,即将走向衰落的时候,那么企业的财务报表就会显示低的经济效益和利润。所以充分了解行业的财务状况,有助于企业做出自身发展的重大抉择。

(三)竞争者维度分析

同行间的激烈竞争势必会影响到企业的发展。当企业面临的是一个比较强大的竞争对手时,就实力和管理水平而言,数据报表里表现出来的经营成果必然比较低。在新时代背景下的经济发展环境中,企业之间的竞争愈加激烈,所以对竞争对手的分析显得尤为重要,充分发挥报表分析的作用,从对手身上发现对方的优点,找到自己的不足,进而规划自己的发展策略。

(四)企业自身维度的分析

企业财务报告分析的众多维度中,自身的分析是必不可少也是极其重要的一部分。企业自身维度的分析主要是针对企业的资源、盈利能力、偿债能力、营运能力等方面。财务报表的价值体现在于通过全面分析可以有效地反映出自身的不足和问题，进而规划未来的发展策略和努力方向，所以对企业的长远发展来说意义重大。

四、企业财务管理与财务报表分析的区别和联系

（一）财务管理与财务报表分析的区别

财务管理是一种综合的资金管理方式，其目的是提高企业收益、增加企业资产效益，通过控制资金的流转和各种财务关系进而获得所需要的财务信息，如在筹资、投资、资金运营、融资分配等方面展开的分析。财务报表分析必须依赖一定的企业活动，采用综合分析的方法将报表上的数据进行有效的处理，以获取数据信息，进而整理分析得出企业目前的财务状况、经营成果和现金流量的过程，从而评价过去、总结经验、预测未来。报表的使用者根据获取的信息判断投资、筹资和经营活动的成效，从而改进决策、优化实施策略，为企业创造尽可能大的利润。由此可见，财务管理是通过对资金进行管理以达到提高企业经营效益的目的，而财务报表则是通过对资金运动进行分析以达到获取有效信息的目的。

（二）财务管理与财务报表分析的联系

财务报表分析与财务管理之间有着一定的联系，财务管理离不开财务报表的分析作用。在财务管理的一系列方法中，财务报表分析是其中重要的一个方面，通过财务报表的分析可以掌握关于企业运营的相关信息。财务报表分析往往能够通过不同指标对企业的状况进行分析，以生动准确的形式对企业的财产状况进行评估。财务报表分析在公司运营中具有不可忽视的作用，它通过详细周密的分析对企业财务管理提供必要的信息，使企业能够更好地制定相应的经济政策。

第二节　公司经营最重要的三大基本财务报表

财务报表究竟反映了企业什么状况？财务报表编制的原则或原理是什么？财务报表的结构、内容是什么？不同的财务报表之间有什么钩稽关系？这些有关财务报表的基本知识和概念必须都有所了解，这样才能做出更为专业、更有价值的财务分析。

一、三大报表之财务报表结构、报表之间的钩稽关系、报表的内容以及报表主要项目

财务会计报表是指单位根据会计账簿记录和有关资料编制的,与单位的某一特定日期和会计适宜准则制度相关,主要涉及特定时间特定范围的财务状况、经营成果和现金流量的书面文件。企业会计报表按其反映性质内容的不同,有资产负债表、利润表和现金流量表三大主要报表,现在很多上市公司也很重视所有者财务状况变动表。另外财务报告体系还包含补充报表,主要包括利润分配表以及国家会计制度规定的其他需要填列的报表附表。会计报表附注是为了让报表使用者更好地理解财务报表的内容,将报表中无法呈现的编制基础、依据,遵循的会计政策,会计处理方法等做出解释。会计报表附注有助于提高报表的可理解性,并将影响未来财务状况的重要资讯披露出来。关于财务报表详细的构成、反映的内容及作用,见表2-1所列。

表2-1　财务报表构成表及内容

财务报表	反映内容	作　用
资产负债表	反映企业某一特定日期(月末、季末、年末)财务状况	①评价企业短期、长期偿债能力 ②评价资本结构 ③分析企业财务能力弹性
利润表	反映企业一定时期内(月度、季度、年度)经营成果	①评价企业的经营成果和盈利能力 ②考评企业管理当局的经营业绩 ③为利润分配提供依据
现金流量表	反映一定时期内企业货币资金和现金等价物流入流出的余额	①判断企业的偿债能力和支付能力 ②反映企业现金短缺的原因 ③将经营活动现金净流量与净利润进行对比可以评价净利润的质量

二、所有者权益变动表对企业的重要性

(一)所有者权益的概念、来源

1. 所有者权益

所有者权益是剩余权益的一种,往往由所有者拥有,这种所有者的权益需要通过扣除企业负债才能获得。同时所有者权益与股东密切联系,实质上也就是股东的权益。股东权益往往是注重股东的利益，通过这个权益的变化可以了解股东投入资本的情况，了解股东个人的投资保值增值情况，同时也是维护其权益的一种重要方式。

2. 所有者权益由实收资本、资本公积、盈余公积等组成

其他综合收益，是各类的利得与损失的总和，往往是由会计准则内的相关规定所限定。

所有者投入的资本，是与所有者相关，所有者往往对企业有所投入，这里的投入包括超过注册资本的相应金额。

留存收益，一般而言，包括盈余公积和未分配利润。这类收益是与企业的利润相关，反映的是企业经过常年的资本积累逐渐形成在企业内部的利润。

3. 所有者权益变动表

它往往是处于一个枢纽的位置，一侧连着企业的资产负债表，另一侧连着利润表。它本身具备的特殊性质决定了其能够反映资产负债表中的相关内容，通过表格的形式将所有者权益的变化生动地展现出来，同时对利润表也有一定的作用，一方面对利润表的某些不完善之处进行补充与说明，另一方面又能不借助利润表而将资产负债表中的情况表现出来。它反映的是一种直接计入所有者权益的利得和损失的形式。利得与损失都是发生在企业的非日常活动中，与所有者密切相关，在利得的情况下，所有者能够获得收益上的增加，同时这种增加不涉及其资本的投入。在损失的情况下，所有者的权益受到影响，是一种与所有者分配利润无关的经济利益的流出。

4. 所有者权益的四个特点

(1)所有者权益一般是长期被企业拥有，维持企业的运营，即便是在企业负债的情况下，也不可以要求返还。至于在负债的情况下，则需要及时处理，及时返还给债权人。

(2)企业的经营管理权是企业管理的重中之重，在企业中的管理权一般是由所有者负责。他们在承担投入资本的高风险的同时，也拥有企业大小事情的管理权限。债权人是没有这种权利的，在这个过程中应该注意区分所有人与债权人的不同。

(3)所有者权益是企业分配税后净利润的重要参考，通过所有者的权益可以对不同的利益收入进行区分，企业的所有人往往是可以得到税后的利润，债权人则无权得到相应的分配，只能获得一定的股息。

（4）在对企业债务与亏损方面，一般而言，债权人不需要为企业的债务负责，而所有者往往需要付一定的责任，有时甚至是全部的责任。

5．所有者权益的分类

（1）投入资本，是一种实际的资本投入，这种投入资本是需要在企业的注册资本的范围之内。关于注册资本，它指的是在企业创立之初时出资者的金额总和。关于企业在筹集过程中的注意事项包括诸多的方面，例如在筹集资金时，企业应该根据国家的规定，遵守相应的国家法律法规，严格按照规定进行合法的筹集，不可以违反国家的相关制度要求，进行非法集资。关于投入资本与注册资本之间也有一定的关系，通常情况下，如果两者处于相等的状态往往是需要一次筹集而完成，在分批次筹集资本中，也应该保证在所有者最后一次缴入资本后二者呈现相等的数量。

投入资本有着不同的表现形式，由于在世界范围内，各个国家的政治体制不同，因此在经济上也有不同的表现形式，为了适应不同的国家经济情况，企业往往需要制定不同的资本投入的方式。例如，投入资本有时候表现为实际发行股票的面值，在股份有限公司中，股票有着不可忽视的地位和作用，在企业的发展中能够起到很大的影响。这些公司通过发行股票吸引投资人进行相应的投资。在其他的企业类型中投入资本往往是以实收资本的形式表现的。

从所有者的性质来看，投入资本可以分为法人投入资本、国家投入资本、个人投入资本和外资投入资本四种。法人投入资本是被具有法人资格的单位所拥有，法人投入资本是由这些法人单位投入企业形成的；国家投入资本是与政府部门或者机构相关，他们具有代表国家资格进行国有资产的投资，将国家资金投资于企业就形成国家投入资本；个人投入资本是与我国公民身份相关，是指我国具有公民资格的人将其个人的合法收入投入企业形成的；外资投入资本是来自其他国家投资者的投入，他们将自己资本放置在企业之中，以期获得相应的利益与收入。

（2）资本公积，由所有者拥有，通过其他途径而形成。公积金与非营业性利润相关，是通过以下方式获得的各类财产物资。一是接受捐赠，从字面意义看，也就是企业得到的一些馈赠，这些馈赠往往来自其他的地方，捐赠的方式往往比较多样化，可以接受现金或者实物，但是总体而言是由非本企业的人或者团体捐赠而形成。二是法定财产重估增值，在企业的发展过程中，往往会出现一系列的问题，包括企业运营者出现困难，企业希望获得更好的发展,在这些情况下,就会发生一些企业的合并,或者企业运营状况良好,需要建立一些分公司与子公司,这种情况下,资产价值与原账面净值往往会发生变化,会产生一定的差额,这里的差额可以列入资本公积之中。三是资本汇率折算差额。四是资本溢价。

(3)盈余公积,可以用来弥补公司的亏损,这类公积是与企业的税后利润相关。

(4)未分配利润,从定义上来看是指尚未分配的利润,这并不是说利润没有进行分配,而是净利润分配后的一种剩余利润。当这个未分配利润出现正数或者负数时,往往能够体现企业的盈利问题,同时也可以表现出与盈余公积的关系。

根据形成渠道来划分,一般来讲,投资者在公司开始成立时需要投入相应的资本,这里的资本称为原始投入资本,随着企业的运营和发展,企业在运营中形成的资本叫作经营中形成的资本。

6. 所有者权益与债权权益的区别确认条件

所有者权益是与剩余权益相关联,一般而言,如资产和负债等会计因素的确认往往会影响所有者权益的确认,对所有者权益的变化有重要的意义与作用。负债与所有者权益是互相联系但并非相同的概念,两者是有一些区别的,负债是一个属于企业债权人的概念,所有者权益是用于企业所有者的,这两者是不同的两个群体。企业在会计的相关报告中应认真区分两者的权益,阐明其不同的性质。只有这样,企业才能将本公司的财务状况清楚明确的反映出来。在一些交易中,负债与所有者权益往往交织在一起,在这种情况下,企业应该更加细致区分两者的不同特质,避免出现不必要的麻烦和纠纷。所有者权益与债权权益之间有着一定的区别,从性质上看,到了一定的时期,负债可以收回本息,在权力、责任等方面两者也是不同的。具体而言,有以下几点。

(1)在企业资产的要求上来看,一般债权人是高于所有者权益,两者在资本上的要求有着明显的不同。

(2)在企业的经营管理上,一般而言,债权人没有权利参与其中,而所有者拥有参与的管理的权利。

(3)在投资的方面,所有者与债权人是不同的,所有者需要对企业负责,一般不能撤回投资,而债权人则不是。

(4)在利润的分配层面,两者也拥有差异。一般而言,所有者投入的资本往往承担比较大的风险,因此所有者可以参与公司的一些利润分配,收益也是比较高的,而对债权者而言他们只能获得一定的利息收入。

(二)中外所有者权益比较

对于所有者的权益来说,世界范围内的会计准则中并未对其制定具体的规章制度,关于涉及所有者权益的一些问题往往是附带着在一些会计准则中体现出来,其中一些所有者权益是通过会计报表体现的。出现上述情况的原因是关于所有者的权益问题,在各国的法律上早已明文规定,并且也有一些专门的立法来保障所有者权益。我国也设立了相应的法律保障所有者权益,出于所有者相关权益与企业发展和运营的综合性考量,我国也将所有者权益作为一个独立的准则项目。

在世界各个不同的国家和地区,往往将股份制有限公司作为法律或者会计准则的重要规范对象。这是由于股份制有限公司具有与其他公司制的组织形式等方面不同的特质,同时又在社会中占据重要地位,是各个国家和地区企业的重要组织形式,对国家的经济与生活有着非同凡响的意义与作用。从现状来看,我国实行的是社会主义市场经济体制,这一体制也决定了股份制有限公司是我国企业的重要组成形式,它对我国的国民经济有着重要影响;同时对于股份制有限公司来说,它有着与其他组织机构不同的所有者权益核算形式。出于以上考虑,我国将股份制有限公司中的所有者权益作为一个特殊的群体对象来看,将其从其他公司形式中抽离出来,单独对其进行具体的表述。

我国的所有者权益具体会计准则包括引言、正文和附则三个部分。引言的内容表明该准则已主要涵盖企业所有者权益的会计核算和会计报表中的正确表达范式;阐明了一些重要的概念和准则范围,为下一步具体内容的表述奠定了基础,能够使得使用人大体把握准则的内容。正文部分为九个小部分,涵盖定义、所有者权益的构成、投入资本、增加资本、发行费用、接受捐赠和资产重估等内容。附则说明确准则的解释权归属和生效日期。

1. 关于所有者权益的构成

在国际会计准则中,所有者权益部分一般称之为"业主权益"和"股东权益",权益的基本构成为:①实缴资本,即股东按照协议实际应缴入的股本;②资本盈余,主要指的是股票的溢价部分;③资产增值,即由于市场相关资产价格水平变动,企业盈利或者损失影响着企业资产的变动;④留存收益,在企业收益支付所有支出后预留在企业中的部分净利润;⑤来自社会上的非股东的捐赠，如校友、非营利组织等的捐赠。

从我国来看，实缴资本与实收资本是基本相同的。我国的资本公积的概念范畴往往是与资本增值、资本盈余、非股东捐赠的资产基本一致的；未分配利润的概念是指分配后等待再次被分配的剩余利润，这与留存收益是一致的。我国与西方国家的所有者权益有着不同的地方，其中的一个区别是我国的"盈余公积"概念，盈余公积是一个很独特的概念，它往往与税后的利润相关，需要从税后的利润中提取。

2. 不同国家的所有者权益构成

美国所有者权益一般分为实收资本和留存收益。实收资本是涉及股东的权益，往往与股东相关，一般分为普通股和优先股两类。

日本所有者权益即为资本。一般而言，资本需要继续进行更细致具体的划分，一般可以分为本金与盈余两个方面。对于不同的资本类比有着不同的规定和要求，从公司内部来看，法定的资本额是资金的本金，同时也应该对这里的资金本金部分进行相应的列示。值得注意的一点是，对于其他的公积金，如资本公积金之类的也应该进行明确的列示，使不同的公积金之间的划分更加明确，这样有助于区分不同的分类，方便更好地进行财务管理。资本公积金是与股票相关，盈余公积金与利润相关。

英国相关公司的所有者权益一般包括资本及准备金部分。通常分为已缴资本（股本）、股本溢价、重估价准备、其他准备金及损益部分。

（1）关于投入资本。美、英、荷等国家往往对股份制有限公司中的资本采取"授权资本制"，在这个制度下，公司的资本可以分为"额定资本"和"已发行资本"两大部分。对于公司来讲，要在相关的规定和章程中明确标明授权资本的金额，这些金额并不是公司实际拥有的资本，它往往只是名义资本，除了这个资本以外，还有一部分根据公司的实际情况、运营发展来决定是不是需要发行，公司实际的资本是发行的资本。

法、德等多数大陆法系国家采取"法定资本制"，公司如果想要成立的话，需要在公司成立开始的章程中表明资本的金额，而当企业运营中有新的资本加入时，应该修改相应的章程。法定资本制是优缺点并存的制度，一方面它可以保证企业雄厚稳定、充足的资本，可以很大程度上避免公司投机行为；另一方面，法定资本制往往要求过于死板苛刻，缺乏灵活与变通，在经济发展的现代社会，经济形势往往是有变化的，这类形式已经不大适应当下的发展需要。于是，一些大陆法系的国家纷纷进行改革，在公司制度上采取授权资本制的形式。

随着我国经济形态不断发生变化,相应的一些企业制度也要进行与时俱进的改革,在进行选择资本制度时,应该立足社会主义市场经济的体制,更好地促进经济发展与综合国力的提升。因此,根据我国经济的变化以及当下的环境,在企业中,广泛采用的是注册资本制度。公司在运营过程中有着不同的信用制度,资本注册制度就是其中的一种。不同类别的公司在注册资本的规定上是不同的,一般都有一个最低的额度要求,同时在企业的运营发展过程中,注册资本一般是不能以任何理由发生减少和转让的,注册资本只能呈现上涨的趋势,只有这样才能保证公司债权人的相关利益。同时对于企业的增减额度也有明确的规定,一般这种增减幅度超过 20% 时,应该申请变更登记,如若不按照规定进行,会受到相应的制裁。

实收资本与注册资本之间的数量关系需要高度重视。所谓的实收资本往往是投资者实际投入资本总和,一般而言,企业投资者的资本投入不是一次性完成的,而是分批次逐步地投入。这个投入的额度问题一般在相应的合同和章程中已有明确的规定,其投入往往是与企业本身的发展状况相关,随着企业的运营建设逐步进行。因此,只有缴足出资额后实收资本与注册资本才是对等的。在股份制有限公司中,股票是其重要的运营方式,资本公积与股票溢价相关。

(2)关于准备金(公积金)。我国会计制度中规定,公积金不能作为利益分配,同时也不能被任何人拥有,它只能作为一种共享性的存在。资本公积与缴入资本存在一定的关联。资本往往是与所有者承担的风险和权益相联系,不能出现模糊不清的混乱状态,通过单独列示的方式使其更加明确而具体。因此,某些资本需要单独列出来,这些资本包括没有标明有限责任的资本投入,这类资本的不明确性决定了其特殊性。同样地,对于一些没有相应权益的资本投入也应该更加进一步标明使之更加具体。从盈余公积来说,虽然名称上与国外的法定准备不同,但是其具体的含义是比较对应的。

从美国的状况来看,拨定留存收益完全取决于公司本身,股东大会对这些款项的比例问题进行表决,不需要法律的介入,完全属于公司内部的问题。利润分配往往与拨定留存收益有着一定的联系,利润的分配受到拨定留存收益影响甚至会有一定的限制。对于一些"捐赠资本"等类别的不享受所有者日常权益的资本投入,一般需要进行分项列出,使其更加明确。

日本的商法要求公司设立资本准备与法定准备两种。资本准备也就是指资本公积金，一方面，在企业的运营过程中，股票的价格是不稳定的，往往存在一定的幅度变化，这些股价的增长往往能够影响资本公积金；另一方面，当公司发生兼并时，资本也会发生相应的变动，这对资本公积金带来了一定的变化。同时资本公积金往往需要在资本准备下列示。法定准备指的是盈余公积金，主要包括法定准备和约定准备、重估价准备以及核算资本利得准备等。法定准备的获得往往是通过一定的手段，如股本的比率。约定准备是由企业内部决定的，公司在这个准备过程中往往有比较大的自主性，可以根据相应的章程进行准备。重估价准备是比较老旧的一个概念，是在1975 年形成，这个准备往往由于其本身的局限性，不适应当下经济的发展趋势，一般而言，重估价准备正在失去其地位与影响。核算资本利得时，如果将利得不分配给股东而是列入准备的部分，公司可以要求 15％的特别优惠税率，但若用于股东分红分配，必须按照普通税率缴纳全额税款。

从我国的现状看，公积金一般分为盈余公积和资本公积两大类。盈余公积与资本公积是两类不同的公积类型，这两类公积是互相配合的两组概念，能够共同促进企业的经营与发展，提供给企业更好的管理方法，使之管理更加规范化。盈余公积的具体构成分为法定盈余公积和任意盈余公积两个部分。法定盈余公积按税后利润的 10％计提，任意盈余公积则是不同的，它往往是取决于股东大会，由股东大会决定相应的比率。对于我国来说，还有一项特殊的利润——未分配利润。未分配利润不属于以上两者中的任何一项，它是一种未分配的可分配利润，虽然听起来是一个拗口甚至矛盾的概念，但是如果将其视为对利润分配的一定限制，可以起到一个规定性的作用，那么未分配利润应该是作为任意盈余公积的一种。资本公积金主要包括资产的重估价、资本溢价、资本折算差异、捐赠资本。

（3）关于接受捐赠的会计处理。企业的接受捐赠大体有作为所有者权益和收入两种处理方法。一般而言，在某些国家中，接受的馈赠视之为所有者权益时，还要考虑一些其他的因素，如捐赠者的身份问题，也就是说要根据捐赠者是否为公司有控制权的股东来对这笔捐赠进行相应的处理。如果不是的话，同时这个捐赠是其无条件赠予企业的资本，在这种情况下，可以视为所有者权益，同时可以计入资金公积；如果这个捐赠属于企业有控制权的股东，那么还应该注重考虑其历史成本的问题。对于各国而言，有着不同的制度规定，在我国的体制下，企业接受的馈赠资产往往不需要考虑捐赠人是否属于有控制权的股东，对这种情况不做详细的区分，而是将这些馈赠一律作为所有者的收益来计入资本公积中。

（4）关于利润分配。按照我国法律要求,企业应依据规定就其生产经营所创造的利润进行分配。而对于国际上通行的做法来说,企业的税后利润主要对股东进行分配。

通过观察企业的所有者权益变动表,能够让企业股东了解到企业资产与权益的变化情况,股东据此判断企业的管理活动成功与否,自身的利益诉求是否得到满足。与此同时,该表还包括了新会计准则颁布执行前以往利润分配表里所有的会计指标,这能够让企业的所有者通过观察该表而了解企业的利润分配信息,以便于其对利润分配方案提出意见或建议。

由于当今时代科技的进步与经济交流的国际化发展步伐不断加快,为更好地在会计核算上跟国际接轨,让企业在国际市场中提高市场竞争力水平,按照《企业会计准则第30号——财务报表列报》里面的内容要求,企业除了应当编制资产负债表、现金流量表、利润表,还需要编制所有者权益变动表。这样才能更好地反映企业股权的变动情况,让企业的所有者更加了解企业权益的动态信息,促进企业健康发展。

第三章 资产负债表的分析

资产负债表指的是依据企业在特定日期统计的资产、负债与所有者权益的信息资料,用于表现企业资产负债情况的静态数据。

按照"资产＝负债＋所有者权益",依照会计学的分类标准与次序,就企业在特定日期时的资产、负债、所有者权益会计数据进行收集汇总并编制到报表中,就形成了资产负债表。其主要反映的是企业在特定时点的资产负债方面的财务状况静态信息。

该表以会计平衡原则,把有关企业资产、负债方面的会计信息以"资产"与"负债及股东权益"进行分类,并通过分录、转账等有关的财务程序,按照一定日期进行呈现,制作成汇总企业资产负债静态信息的财务报表。该报表不仅可以为企业的经营者与管理者提供资产和负债变动方面的信息,为其进行经营管理活动提供依据,同时也能够为企业的外部投资者提供资产负债方面的参考资料,便于其了解企业内部的资产负债情况。

从性质上来说,资产负债表主要反映的是企业的资产、负债和股东权益之间的相关信息与相互关系,主要通过对此类信息的汇总展示而表现企业的营运状况;从报表的结构上来说,其包含了资产部分与负债、股东权益部分。

第一节 资产负债表的基本分析

一、资产负债表的作用

1. 该表的主要作用体现在其可向所有者、管理者或外部投资者反映企业所拥有的资产状况和企业的负债情况,表现企业能够掌控的经济资源总量,从而向企业的所有者、管理者或外部投资者进行各项经营管理的决策提供依据,为投资者进行投资决策提供参考。

2. 资产负债表将企业的流动资产、速动资产跟流动负债结合在一起进行研究,能够有效观察企业在一定时期内的偿债能力。这对于企业的投资活动与信用履约活动的决策而言十分关键。

3. 就企业目前的债务情况跟企业的所有者权益实施比对,能够观察出企业的长期偿债能力和对外举借债务的潜力。通常来说,如果企业的所有者权益跟企业负债之间的比值关系呈现出前者大而后者小的关系,这一比例越大,表示企业能够清偿长期债务的能力越强,同时其举债能力也就越强;反之,这一比例越小,则表示企业能够清偿长期债务的能力越弱,同时其举债能力也就越弱。

4. 通过就企业资产负债表的历史变动情况进行观察,能够对企业的财务状况稳定性与变动趋势进行评价。假如企业的历史资产变动呈现稳中有升的发展态势,而负债水平始终控制在风险较小的范围内,则表示企业经营稳健,财务风险较小。而如果企业资产变动振幅较大,而负债较高,则表示企业的经营带有一定的风险性,其有可能在特定市场的开拓与项目的经营上面临较大风险。而对此类信息的分析,可以有助于企业做出经营管理的科学决策,也能够帮助资本市场的投资者进行企业股票投资价值的判断。

5. 通过就资产负债表跟损益表里面的一些项目实施比对,能够就企业的一些资源的利用状况进行观察并得出结论,如存货周转率、债权周转率等。这可以让企业有关的经营管理活动获得信息支持,也能够为企业的利益相关者据此做出跟企业业务往来方面的决策而提供依据。

二、阅读资产负债表的几个注意要点

1. 通过观察资产负债表,能够了解到企业特定时间段的资产情况、负债情况与所有者权益信息,从而对企业所拥有的经济资源、融资能力、风险水平等进行评估与判断。因为对企业资产信息的观察可以了解到企业的经营规模,而对其变动情况的观察可以让企业的外部投资者了解到企业的资金实力发展状况。假如企业的经营规模大而资金实力强,则说明其经营稳健同时偿债风险较小,又如果企业的存货周转快、负债高,并且资产规模的上升幅度大,则说明企业具有良好的发展动力,其正处在上升发展阶段。

2. 就企业资产负债表里面的一些项目,假如其变动频繁,变动幅度较大,则需要对其进行更加深入的研究,弄清其变动原因,如流动资产、流动负债、应收账款等。

(1)假如应收账款在企业资产中的占比较大，说明企业的资金大量被不良占用，资产的流动性不足，存在坏账风险。

(2)假如企业在年初与年末出现负债大幅度震荡情况，则表示企业在利息上负担较重，而在这种情况下企业盈利状况良好，则表示企业具有高风险、高收益的开拓精神，其发展潜力大但面临的不确定因素也较多。

(3)对于股东权益的指标来说，假如资本公积金超出企业股本，就表示其股利分配政策较为理想。这样对企业进行投资而获取分红的收益可能会相对较为理想。

3. 对很多基础性会计指标实施核算，核算会计指标的信息源大多来自资产负债表和利润分配表，可以分别从这两个表中采集相关数据，获得如应收账款周转率等信息。

三、主要财务指标的计算及其意义

(一)反映企业财务结构的指标

1. 净资产比率＝股东权益总额÷总资产

这一指标大多表现的是企业的资金实力与偿债能力，该指标的高低跟企业的资金实力呈正相关关系。如果一个企业净资产比率较高，则表示其资金实力与偿债能力较强，但同时也表明该企业投资不够积极，经营上比较保守。

2. 固定资产净值率＝固定资产净值÷固定资产原值

这一指标表现的主要是一个企业固定资产的新旧情况与资产变动性。通常来说，如果企业的固定资产净值率达到75％以上较为理想。

3. 资本化比率＝长期负债÷（长期负债＋股东股益）

这一指标大多用于表现企业应还的长期负债所占资金总量的比例，假如这一指标较高，则表示企业面临一定的偿债风险，因而通常控制在20％以下较为合适。

(二)反映企业偿还债务安全性及偿债能力的指标

1. 流动比率＝流动资产÷流动负债

流动比率主要表现的是企业的资金流动性，这一指标数值越高，则表示企业的偿债能力越强，反之则越弱。通常来说，一个企业的流动比率控制在2∶1的水平为宜。尽管一个企业的流动比率较高的情况下企业偿债能力较强,资金的安全性可以得到保障,但同时也意味着企业并未积极进行市场开拓与投资活动,资金存在一定的闲置现象,这表明企业在经营策略上过于保守,因而企业的成长性会相对较差。对于外部投资者而言,观察企业的这一指标高低是判断其成长性的一个重要依据。

2. 速动比率＝(流动资产－存货－预付费用)÷流动负债

速动比率主要表现的是一个企业在短期债务方面的偿债能力,一般来说,这一指标越高表示企业的短期偿债能力越强,而采用速动比率用于检验企业短期偿债能力的测试,也被称为"酸性试验"。

对于正常经营的企业来说,速动比率控制在1∶1上下为最佳,这说明企业拥有较好的债务结构,不过对于不同行业的企业而言,这一指标的具体情况受行业环境影响而存在一定差异,不能以单一标准衡量所有行业的速动比率理想值。

(三)反映股东对企业净资产所拥有的权益的指标

每股净资产＝股东权益总额÷(股本总额×股票面额)

这一指标主要表示的是企业的股权按照发行股票的数量分配到每一股当中的资产状况,该指标也通常是反映一个企业目前所拥有资产价值的常用指标。一般来说,一个企业的每股净资产越高,说明其单位股票的资产含量越高,这样企业股票的投资价值也就越高,股票大幅度降价的风险,可能的降幅也就相对较小;反之,如果该指标较低,则说明企业的单位股票的资产含量较低,这样企业股票的投资价值也就较低,股票大幅度降价的风险会相对较高,一旦出现股价震荡,其可能的降幅也就相对较大。

有关企业在财务结构、偿债能力上的评价。因以上指标大多为针对企业单一问题的反映,因而要全面观察企业的财务状况与偿债能力,还应当以系统化思想综合多个会计指标实施综合判断。由于能够用于反映企业财务状况的指标很多跟反映企业偿债能力的指标存在性质上的矛盾,因此不能通过观察某一指标的高低而得出决定性结论,来判断企业的经营管理水平,很多指标所反映的企业信息会同时存在两面性。例如,速动比率这一指标,尽管在一个企业的流动比率较高的情况下,企业偿债能力较强,资金的安全性可以得到保障,但同时也意味着企业并未积极进行市场开拓与投资活动,资金存在一定的闲置现象,这表明企业在经营策略上过于保守。对于外部投资者而言,观察企业的这一指标高低是判断其成长性的一个重要依据。

第二节　资产质量分析

我们先来看看几个重要的财务词汇。

资产。资产属于企业的重要资源，其属于衡量企业实力和资金规模、生产发展动力的重要会计指标，其表现的是企业所有经济利益相关的资源总和，其内容涵盖了财产、债权与固定资产等权利。

资产质量。指的是企业所拥有的账面资产在多大程度上能够发挥出应有效用的能力，资产质量是反映企业资产效用比的关键性会计指标。

有关企业的资产问题，通常以下指标要进行观察和研究。

流动资产。指的是企业在短时期内可以被转化为货币，能够变现或通过销售转化为收入的资产。这一指标主要反映的是企业资产中可以迅速变现，具有高度可流动性的资产规模，通过观察这一指标，能够看出企业的资产具有多大的流动性及可变现能力。如果一个企业资产总量较大而流动资产不足，则说明其经营中存在资源被大量占用、运转不灵活等问题。

交易性金融资产。此类资产主要指的是企业可以用于在资本市场上进行交易而转变为其他资产持有形式的金融性资产，如企业拥有其他企业的股票、债券、基金等都属于此类资产性质。如果此类资产规模较大，则说明企业的资产中用于金融投资的部分较多，企业的效益或资产变动情况会受资本金融市场的影响较大，反之则较小。

非流动资产。指的是企业资产总量里面短期内无法实现有效变现的资产，此类资产如果在企业资产中占比较大，则说明企业的资产流动性不足，企业的经营主要集中在实体领域，因而企业的经营状况受金融市场的影响不大，但容易遭受商品市场震荡的冲击。反之，如果企业非流动资产占比较大，说明企业资产中大量用于非实体经济，因而企业的投资风险会相对较大，受到金融市场震荡或利率影响的风险也会相对较大。

可供出售金融资产。主要指的是企业所拥有的能够用于变现的金融资产，依据其细分性质差异还可以分成交易性金融资产、持有至到期投资、贷款与应收金融资产。此类资产如果在企业资产中占比较大，说明企业的资产用于对外投资的部分较多，而且资产的流动性较大，但同时也说明企业的实体经营部分较小，企业会受到金融市场与宏观领域利率变动的影响较大。

反之,如果企业此类资产较少,说明企业资产主要以实体经济支撑,因而资产变动的风险较小,但有可能会受到商品市场的震荡而面临一定的市场风险。

持有至到期投资。指的是企业所拥有的可在到期日进行变现的金融类资产,如国债、企业债券、金融债券等。这一资产主要反映的是企业的对外投资能力和投资的预期收益水平。如果该指标较大,说明企业在对外投资上规模较大,同时预期收益也会较多;如果该指标较小,说明企业的资金主要用于自身的经营管理,而用于对外投资来赚取利润的情况不多。

投资性房地产。指的是企业以盈利或资产增值为目的,对不动产进行的投资所形成的资产,此类资产不包括企业自身经营生产所必需的房地产占用或购置,而主要指的是企业以投资为目的对房地产进行的购置所形成的资产。此类资产如果在企业资产中占比较大,说明企业的大量资金用于房地产投资上,那么企业会受到房地产市场波动带来的影响也会相应较大,反之则较小。

固定资产。指的是企业所拥有的,用于生产制造、办公、经营等而形成的有形资产。企业的固定资产属于企业从事实体经济必需的重要基础性资源,如果企业的这一资产在企业整体资产中占比较大,说明企业的资产大量用于实体经济运作,而对金融投资方面进行的资源投入相对较小。假如这一指标在企业资产中占比较小,则说明企业的资产主要集中在非实体经济上,因而其具有一定的投机性,受到金融市场波动的影响会相对较大。

无形资产。主要指的是企业所拥有的具有价值的非实物资产,如专利权、专有技术、商标权等。此类资产的状况反映的是企业资产中的技术或权益构成情况。如果企业拥有的无形资产较多,则说明企业具有较高的技术水平,或掌握较多权益;如果企业拥有的无形资产较少,则说明企业的技术力量相对较为薄弱,或掌控的权益不多。在企业生产经营规模同比扩大的基础上,企业拥有的无形资产越多,则说明企业的技术力量越雄厚,企业的综合实力越强。

长期股权投资。主要指的是企业所拥有的对其他企业与单位的权益性投资,此类投资可以使得企业拥有一定的资产权益,但不能立即变现或在资本市场转卖,同时其带有股权性质,因而企业拥有被投资单位一定程度的控制与影响能力。如果企业致力于对某领域的其他企业进行控股,则其持有的该企业长期股权投资越多,说明企业的控股战略实施越理想。反之,如果企业不具有有意识的控股计划,而却拥有大量的长期股权投资,则说明企业在外部投资上占用了大量资金,企业应及时对投资计划进行调整。

一、资产质量理解

虽然资产是十分重要的企业资源,但资产的种类多种多样,并不是所有资产都能够支持企业的经营发展战略,因而通过观察资产性质,判断企业的资产质量,是企业进行资产管理的重要工作内容。同时对于外部投资者来说,通过观察企业的资产性质、资产构成,判断企业的资产质量,也是决定对企业的投资战略、合理规划投资方案的重要参考性指标。通常来说,资产具有盈利性、变现性、周转性、增值性特征,通过对资产的不同特征进行分析,可以判断出相对于不同主体而言的资产质量,从而为企业实施资产管理决策和外部投资者对企业进行投资提供参考和依据。

在传统的财务分析模式中,无论是定量分析,还是定性分析,都撇开了对资产质量的分析。而这一分析对反映企业的资产状况、资产优劣、投资风险和回报率等都具有十分重要的意义。通过观察企业的资产质量,了解企业是否存在呆账和坏账、长期被不良占用的低质量资产,是否存在资产流动性差、变现困难等方面的问题,可以为企业进行各项经营管理活动提供可靠依据,同时也能够为企业的所有者对企业管理活动进行监督而提供参考,并能够为市场上广大投资者合理判断企业股票的投资风险和投资价值提供判断依据。

二、对资产质量进行分析的常用方法

(一)资产结构细化分析法

资产依据其性质不同能够分成流动资产、固定资产等不同种类,而不同种类的资产还能够继续细化为更为细致、微观的资产类型。所以,通过对不同的资产进行细分并研究其资产规模及其在整体资产里面的占比情况,可以为企业观察自身的资产结构是不是具有科学性与合理性,资产质量如何,风险性和流动性如何等提供依据。不同的资产类别所反映的资产信息是不一样的,具体需要企业根据资产的性质和其在整体资产中的占比情况,以及资产变动情况等做出综合分析,才能判断出这一资产反映出的企业生产经营信息与价值信息。

(二)现金流量分析法

货币资金属于企业资产里面最具有代表性的一类资产项目,其具有较高的流动性,因而通过观察该指标,可以有效地分析企业的资金流动性。与此同时,假如将企业进行生产制造活动所形成的现金净流量、投资活动所对应的现金净流量与整体的现金净流量实施对比分析,可以观察出企业的财务经营状况与资产质量。

通常而言,假如企业中出现利润跟现金流入不对照的现象,就表示企业在生产销售的管理上出现了问题,其资产质量可能是不可靠的。而假如企业的现金净流量跟净利润的增幅相比始终滞后,就表示企业的资产在一定程度上被沉淀到销售环节或上下游企业当中,企业资产的流动性存在巨大问题,因而这都需要企业及时调整经营管理策略来进行应对。

(三)虚拟资产、不良资产剔除法

企业在经营过程中,难免会因为某些原因而出现虚拟资产或者是不良资产,然而这样的结果是企业不想看到的,也不符合会计上的要求。因此,我们需要将这两项不该存在的"资产"从真正的资产中剔除出去。在处理时,需要先对企业这两项资产的账面价值进行统计分析,通过一定方法进行科学地分析比较。这一方法也给企业以警示,在日常的财务工作中,一定要加强管理,减少不良资产的出现,使虚拟资产消失。

三、资产质量分类

1. 资产未来变现时会和现在的账面价值相等,这类资产主要有货币资金以及部分金融资产。

2. 资产未来变现时将小于现在的账面价值,这类资产主要包括已计提坏账准备的应收款项、过时将淘汰的实物资产、难以获利的长期股权性投资或其他金融资产、某些原因引起的囤积的材料或商品等。这些资产在未来变现的时候,所获得的价值将小于现在的账面价值。

3. 资产未来变现时将大于现在的账面价值,这类资产主要包括处于正常运转状态的原材料或库存商品、优良的无形资产或固定资产等。这些资产在变现时往往带有很大的增值空间,会给企业带来更高的收益。

四、流动资产及其质量

流动资产是在资产负债表中处于较前位置的资产。这样的资产拥有良好的变现能力,流动性很强。同非流动资产相比,这类资产有特殊的地位,还有着特殊的功能。这样的资产对于企业来说就会有着不同的功能设定方式,所以管理方式也不同。总的来说,不同的流动资产对于其质量特征也有着不同的影响。

五、企业的货币资金及其质量

(一)货币资金

货币资金指的是企业持有的可以立即用来支付的或变现能力极强的资产。对于货币资金的管理是企业现代管理的重要内容之一。货币资金需要保证一定数量,这样有利于保证企业对短期负债具有偿还能力。一般而言,每个企业都需要资金来保证各项业务活动的发生,因此资金管理是企业财务部门和管理层最为重视的工作之一。由此可以看出,货币资金的质量对于企业经营的重要程度。

(二)对于企业的货币资金质量分析主要在以下几个方面

首先,企业要保证一定规模的货币资金,同时保证对货币资金的使用效率。企业管理人员需要根据历史资金的使用情况以及未来预计的资金使用情况进行分析估计,保证企业为了保持企业的正常运转,在相当长一段时间内应该保有的货币资金数额。如果不能维持预计的现金数额,则无法进行正常的业务往来,公司运转就会出现问题。相反的,如果留存现金超过合理的水平,则会使资金没有得到充分利用,从而造成浪费现象。因此,要对资金进行合理估计,同时对提高企业资金使用效率具有非常重要的意义。企业如果能在保证平稳运行的情况下,同时将多余资金进行投资,获取收益,那么说明资金利用率很高,资金充分利用就会给企业带来最好的收益。企业要充分利用资金,避免闲置资金所产生的保管成本,要让资金都找到相应的位置,既保证企业运行需要,又能够节约成本、赚取利润。

其次,企业要对货币资金进行内部控制。企业应该在国家的规定下,进一步完善企业货币资金内部控制,要设立监督管理机制,制定相应的管理规章制度,同时还要做好应急预案,具体问题具体分析,留有余地。良好的内控体系才能使企业的货币资金质量达到更高的水平。

再次,企业要严格按照国家相关规定的要求对资金进行相应管控。国家对于企业可留存的货币资金有限额要求,同时也有不容许有白条抵库等情况出现的规定。如果违反这些规定,可能会引起资金管理不周而失窃、被盗、丢失,同时也会引起审计风险、相关部门处罚等,甚至对企业未来的投融资业务也会造成一定影响。所以务必保证对国家政策的遵守,这样也有助于提升企业货币资金质量。

最后,对于企业货币资金结构的管理也是资金质量的重要因素之一。留存过多的货币资金会造成闲置浪费,所以可以利用多余的资金进行短期投资。由于其在出现紧急状况时也能及时变现,从而不会造成资金危机,同时也充分利用了资金进行投资,创造了利益。因此,在企业的日常资金管理中,在条件允许的情况下,在合理估计完留存现金之后,可以利用剩余闲置的资金进行短期投资,这样既不影响公司正常运转,还能赚取额外的利益。此外,如果涉及多币种,还要根据不同的币种未来汇率走向进行质量管理,要合理确定外币的未来质量。此外,有些货币资金会有着特殊的用途,并不能直接用来支付或及时变现,所以要注意这部分资金,要正确审视企业的实际支付能力。

六、企业的债权项质量分析

(一)应收票据的质量分析

企业存有的应收票据,是因为债务人由于无法按时支付款项,从而签发的到期进行偿付的书面文件,一般为商业汇票。这种汇票具有很强的变现性和流通性,一般可以背书转让,具有法律效应。因此在使用中要格外留意。

商业汇票实质上是基于债务人的信用和合作关系而出现的,是一种商业信用。如果企业在债务人或付款人偿付之前急需资金,那么持票人可以背书转让。但是,企业必须注意的是,背书转让是具有法律效应的,由于背书转让的连续性,票据持有人如果无法从债务人处得到偿付,有追索权,持有人可以按照法律规定向企业追索,企业还有连带责任,必须偿付。这样从背书转让企业的角度来看,这种背书转让的票据实际上是企业的一项"或有负债"。如果这样的票据有很多或者金额巨大,便会给企业带来了很大的风险,对企业相关财务分析也有一定影响。因此,在财务报表中,企业务必要对这类背书转让的票据,尤其是金额较大的票据在附注中进行及时的披露,不能有所隐瞒。这样有利于企业或外部使用者进行分析和判断企业的财务状况、偿债能力以及风险情况。

(二)应收账款的质量分析

企业在经营过程中难免会采取赊销的策略。因此,如何在信用政策和可能出现的坏账之间寻找平衡点是企业经营过程中必须要解决的问题。如果企业为了维护客户关系、保证业务水平一味地基于信用政策赊销商品，那么企业坏账的风险也会提升；如果企业惮于风险不敢采取信用政策，那么可能会出现销售量低迷、客户关系变差等情况。

对于企业的应收账款质量分析，一方面在于其周转能力。这主要是分析企业的应收账款周转率，通常来讲，回收期越长，企业的应收账款周转能力越差。而质量分析的另一方面在于其变现能力，这主要包括对应收账款的账龄进行分析、对企业信用政策的分析、对债务人的诚信口碑及偿还能力进行分析、对债权成立时债权债务双方经办人及相互是否存有关联关系进行分析、对企业当前坏账准备情况进行分析等。只有对这两个方面都进行分析之后，表明已对企业应收账款质量情况进行了彻底的分析。

（三）预付款项的质量分析

对于预付款项的质量分析，需要根据实际情况加以区分。首先，如果企业拥有合作密切的供货商，那么企业的预付账款数额较高应该视为质量较好的表现，因为对长期稳定供货商的债权能够按时转化为企业的原材料或库存商品。但是，如果企业过往记录显示之前的信用程度并不高，那么过多的预付账款未必是质量好的表现。此外，企业如果向其他企业提供货款也会造成数额较大的预付账款，那么很有可能成为企业不良资产，需要留意。

（四）其他应收款的质量分析

一般情况下，企业的其他应收款数额占资产的比例不宜过高，如果出现了异常过高的情况，那么就要格外留意，对其他应收款的情况进行详细分析。具体包括其他应收款来源、发生原因、发生时间、是否与内部人员有关等。如果是正常情况，则需要在会计报表附注中进行披露。如果没有披露，则要分析是否存在着以下情况：是否为制造虚假利润数额，是否为企业股东故意占用资金，是否为了逃税漏税而减少收入及利润等。如果存在上述情况，说明企业其他应收款的整体质量较低。企业资产处于低效利用状态，不会给企业带来收益，更会影响资产的正常周转。所以，务必对非常规发生的其他应收款进行详细分析并持续重点关注。

在母公司财务报表中其他应收款数额比较巨大时，如果自己本身经营活动业务不多，但是有大量的控股子公司，那么这些大数额的其他应收款可能就是母公司对外投资的资金，这类其他应收款的质量则需要看那些被投资子公司的运营情况和获利情况。在分析时，要关注母公司单独报表以及合并报表该项目的金额情况，如果单独报表减去合并报表该项目的差额比较大,那么就说明母公司的投资规模比较大,如果此时子公司盈利情况良好,那么说明母公司其他应收款质量较好。

七、企业交易性金融资产的质量分析

交易性金融资产的质量特征分析应关注其公允价值这一计量属性,应着重分析该项目的盈利性可能和收益额的多少。具体可以从如下两方面进行分析。

1. 分析同期利润表中的"公允价值变动损益"及其在会计报表附注中有关该项目的相关解释说明,通过分析企业因交易性金融资产投资而产生的公允价值变动产生的损益为正还是为负,来确定该项投资交易的盈利水平。

2. 分析同期利润表中的"投资收益"及其在会计报表附注中对该项目的有关详细说明,通过分析因有关投资而产生的投资收益为正还是为负,来确定该项资产的盈利能力。值得思考的是,企业若非生产性项目投资的规模过大,必然会影响企业的正常经营,不排除人为地将"可供出售金融资产""持有至到期投资"及"长期股权投资"等项目转入该项目挂账,用以"改善"企业流动比率。此时可以从投资规模、现金支付能力的变化、投资收益构成内容等方面来进行分析判断。

八、存货的概念及项目分析

(一)存货的概念

企业的存货未必就是指库存商品,还有可能是原材料、在产品、半成品等。为了和固定资产、工程物资等资产项目区分,是否作为存货计量主要是依据其持有目的,而并不是资产特征、外部表现形式。因此,那些持有目的是销售、快速周转获利的应该视为存货,而不是其他科目的资产。

存货的构成在不同行业的企业里也有所不同。一般来说都会包括各种类型的商品、材料、周转材料、低值易耗品、工具、在途物资等。在工业企业中,还会包括在产品、半成品、发出商品、外购存货、燃料等。而对于商品流通企业来说,存货则主要还包含加工商品、分期收款发出商品以及企业委托代销的商品。

特别地,建筑施工企业或其他类型的企业为建造企业固定资产或在建工程会购入各种建筑材料、工具等工程物资,虽然表面上体现的是材料形态,但是不能作为存货进行核算。因为这些储备材料持有目的不是为了销售,而是为了建造企业固定资产而购入持有,其价值最终体现在企业自身使用的固定资产中。所以应该作为工程物资核算,最终转入在建工程和固定资产。此外,按照国家相关规定,某些企业应该在经营过程中持有某些特定资产,用做专项储备,如建筑施工企业必须购入的工人防护装备、防护工具等。这些物品持有目的不是出售,因此不作为存货核算,应该设立专项储备科目进行核算。

(二)存货的质量分析

同上述其他资产进行分析的方面类似,对企业所有存货的质量分析包括变现能力、存货周转能力以及盈利能力。除此之外,还要分析以下几个方面:存货的相关物理性质质量、企业的存货结构以及存货时效性分析。

1. 相关物理质量分析

这里主要分析存货的当前状态以及物理性质是否还能满足存货出售的相关要求,具体要看存货是否受到破坏、毁损、变质,质量标准是否符合预定要求,预订商品是否满足客户需求和标准。对这些情况的初步分析,有利于对企业存货其他因素进行分析。

2. 存货的时效性分析

这个因素分析主要是某些存货的盈利能力和变现能力与存货时效性有极大的关联。比如企业能否按时交货、企业能否及时生产订货商品。时效性分析有助于企业了解这些存货的变现速度和盈利稳定性。

3. 企业的存货结构分析

大型企业往往生产不止一种存货,同样的商品流通企业也不会只卖一种商品,因此,这些企业在生产出售存货的时候,要对企业的存货结构进行管理。要分析不同品种的存货的市场前景、获利情况、销路情况以及未来发展可能遇到的问题和应对策略。如果一个企业只是单一的生产或销售一种存货,一旦这种存货受到多方阻碍,那么企业的正常运转将会受到很大的冲击。所以,企业要对存货的结构进行分析,根据不同种类存货制定合理的存货结构,并根据实际情况进行不断调整。

4. 企业存货的盈利能力分析

分析这一指标主要依靠分析企业存货的毛利率,毛利率的涨跌很大程度上反映了存货的当前市场以及企业依靠这种存货的盈利情况。如果企业存货的毛利率上涨,说明盈利情况良好;反之,如果存货的毛利率下跌,则说明企业这种存货很难给企业带来更多的收益,也可能意味着该产品市场在很大程度上出现了竞争力下滑或者产品生命周期倾向于转向衰退期。当然,不能排除的是企业可能会通过人为操作存货的生产出售计划来操纵利润,因此对存货质量进行分析时,要分析是否存在此种情况。

5. 存货的变现能力分析

在每期期末时,应该对存货的变现能力进行分析。如果存货出现了减值情况,则说明企业的存货的变现能力会变弱。此外,如果企业针对存货还进行了抵押担保等情况,那么企业存货质量也会因为承担了风险而下降,因为变现能力降低了。

6. 存货的周转能力

分析这一指标主要利用的是存货周转率,存货周转率数值越大则表明存货的周转能力越强,这一数值也在很大程度上反映了企业动态经营的成果。存货水平也反映了企业运营管理的成果。企业在分析质量时,要注意存货的周转能力,要提高流转速度。

九、企业的流动资产整体分析

对于企业流动资产的整体质量,主要从以下几个方面加以分析。

(一)流动资产结构分析

企业拥有流动资产种类众多,但是不同行业的流动资产组成以及结构却有所不同,不同的流动资产对于企业的盈利能力影响不尽相同。因此,不同的企业应该按照自身行业情况以及企业的自身发展要求来进行流动资产的结构管理,估计不同流动资产的比例的合理性,比如控制货币资金规模、应收款项的比例等。要将流动资产各项目的规模调整到企业可控范围之内,这样可以最大程度升高企业资产质量,同时使企业经营有所保障。

(二)流动资产整体周转能力分析

企业要关注流动资产的周转能力,不同流动资产周转性能不同,对企业整体的影响也有所不同,因此企业要对流动资产的周转率进行管理,使其能够让企业在行业中合理发展。分析时,要对企业的现实状况进行充分考虑。

(三)企业的销售模式与采购模式分析

企业可以根据自身情况,对企业的销售方式进行选择,如正常销售、依据信用条件的赊销、应收票据结算、预收款方式等;而对于采购模式,也可以根据实际情况选择不同的采购模式,如正常购买、基于信用条件的赊购、预付款方式等。正是由于可选方式众多,所以企业的现金流入流出情况也不同。企业应该根据自身条件和行业情况,进行多种模式协调选择,最终要选出最适宜公司的模式，这样能够使企业资金周转流畅，同时保证企业具有偿债能力，最终有利于企业资产质量的进一步提高。

十、企业的长期股权投资质量分析

同其他资产类似，对于企业的长期股权投资的质量分析，也应该从盈利性和变现性两个角度进行分析。

(一)盈利性分析

企业长期股权投资盈利性的影响因素也有很多方面，具体分析如下。

1. 长期股权投资的投资方向

一般来说，企业会选择与自己行业相同的被投资方进行投资，因为同行业的企业和自己的核心竞争力相一致，有助于二者同向发展。反之，如果选择投资对象不和自身在一个行业，但此时也不能认为企业投资战略失败，可能是投资企业希望能够进军新的领域，促使企业多元化发展。

2. 投资企业年度内发生的重大变化

在投资企业持有长期股权投资情况下，每年度账面价值都会有所变化，主要有以下几种情况。第一，长期股权投资减少。由于一些原因，投资企业会减少长期股权投资。造成这种情况的主要原因是企业急需资金因而变现收回投资，企业战略调整进而优化企业当前的资产结构，企业按照约定或发生其他新的事项必须减持长期股权投资等。第二，长期股权投资增加。这种情况主要是因为企业战略调整要求增加新的长期股权投资，或者是因为当前投资效果好增持会增加收益，或者是因为双方发生了债务重组等情况。第三，如果企业采用权益法核算长期股权投资，那么在持有期间确认投资收益则导致长期股权投资增加，在这种情况下，一般应该认为这种增加只是一种表面现象，不能够给企业带来很多的贡献，因此在对盈利性进行分析时要格外注意。

3. 长期股权投资使用的资产种类

一般来讲，企业进行长期股权投资一般利用以下资产进行投资。首先，企业可以直接用货币资金进行长期股权投资。这种情况下，企业货币资金投资方向不受限制，企业可以选择同一行业的被投资方，也可以选择非同一行业的被投资方，这样有利于企业多元化发展。其次，企业可以以非货币资金资源对外投资，这种情况发生原因主要是企业可能要实施资产结构调整战略，需要将企业其他类型资产调整为长期股权投资，说明企业的原有资产结构对正常运营产生了影响，因而要进行调整。最后，企业可以将表外的无形资产进行长期股权投资,这种情况主要是因为企业能够实现表外资产的价值,同时也为企业资产结构调整做出贡献。

4. 长期股权投资收益的确认

在这里要区分成本法和权益法处理不同造成的影响。当投资企业采取的是成本法进行核算时,只有当被投资企业宣告发放现金股利的时候,投资方才能确认相应的投资收益。这时,成本法下不会出现采用权益法核算时出现的"泡沫"成分。而当企业采用权益法进行核算的时候,只要被投资企业在以后的经营过程中实现盈利,投资企业在会计上都要相应的按照比例调增长期股权投资的账面价值,同时增加投资收益,而在被投资企业实际分配现金股利时,则按照分配的金额减记长期股权投资的账面价值。但在实际中,被投资企业未必会将实现的利润全部用来给投资方发放股利,因此会出现差值,也就是上述的"泡沫"成分。具体这种泡沫成分的程度则要根据被投资企业实际分配现金股利的多少才能确定。

(二)变现性分析

如果被投资方是有限责任制的,并且是长期合作的,那么投资方的股权投资往往无法从对方手里撤回。假设投资方想把自己手里的已有股权变现,就必须转让自己的股权。股权转让同时由转出和转入双方的意见决定。换而言之,公司的长期股权投资只有无法收回或不定期转出两种情况。投资者在此期间的收益或损失也无法确定,所以,此项目的账目金额不一定就能与可回收金额保持一致,进而影响长期股权投资的变现。同时,在全面评估长期股权投资减值准备计提滞后,也不能很好地估算出项目的变现潜力。

十一、固定资产质量的分析

在评估固定资产时,务必确保它的相对价值。同时,必须结合公司的战略规划,对固定资产进行分配和安排等,避免对公司收益等带来不必要的损失,甚至还能通过优化固定资产配置,实现更高的综合效益。

(一)固定资产的获得渠道和财务情况的外部呈现

固定资产能够通过外购、自建、所有者入资等形式获得。获取途径不一样,公司呈现出来的财务状况也具有差异性。

(二)固定资产分配和设计的科学性评估

制造型公司不同类型的固定资产里,生产用固定资产,尤其是里面的生产装备等直接关乎公司的正常运营,在所有资产里占比最高;非生产用固定资产需要以此为前提，结合公司现实发展做出相应调整，只要将增速控制在生产用固定资产的增速范围就是合理的。总的来说，若用到的固定资产占比较小，说明公司的固定资产整体使用率较低，需要及时调查问题背景和实施针对性的解决办法。在此期间，一定要结合公司会计报表有关附注和其自身的运营模式、科技实力等方面，才能做出最科学和最合适的配置结果，进而全面提升公司的固定资产使用率。

（三）固定资产规模分析

固定资产的投资一定要和公司现有的运营情况、战略目标等保持一致。假设公司完全根据管理层主观经验确定新装置的数量、资金等，无疑会浪费掉不少的优质资源，不利于公司的长期健康发展。所以，公司一定要结合其自身的战略目标，推出合适的运营方案，明确固定资产的需求后再考虑新装置的配备，增加固定资产规模。

（四）固定资产原值的年内变化情况分析

固定资产的质量波动能够通过固定资产原值予以呈现，任意会计时段的原值波动往往集中于上升或下降两种情况。然而，因为不同的公司，他们的生产运营情况也各不相同，所以不同类型的固定资产构成需求也有很大差异，固定资产在不同时间段内原值的波动旨在改进公司内部的资产配置和使用率等。所以，分析公司运营情况是否与其年度固定资产构成的波动一致，就能很好地评估固定资产质量的变化趋势。

（五）固定资产的变现性分析

不考虑少量的流动资产，公司的固定资产往往是偿还长期债务的重要物质基础，其数额、配置等往往限制了公司的长期还债水平，不同期间固定资产的保值性，也就是固定资产的变现能力影响公司的长期债务偿付水平。所以，结合公司偿债水平的视角，有具备或不具备增值潜力的两种固定资产，需要对固定资产的技术水平、市场竞争力等情况予以分析。

（六）固定资产的盈利性分析

固定资产是公司能否实现长期健康发展的物质前提，能够据此分析其已有的科技实力和综合竞争力。所以，当公司的综合盈利水平较高，其固定资产才有更大的盈利可能。制造型公司的固定资产盈利情况往往需要满足下列标准：

1. 固定资产科技装置的发达水平应与公司所处行业情况一致。

2. 固定资产的生产水平应与满足公司的基本运营所需的生产水平一致。

3. 固定资产的工艺实力应积极响应市场消费者的现实需要。

4. 将固定资产利用率控制在一定范围,实现优化配置。

(七)固定资产的周转性分析

固定资产对公司来说意义巨大,在总资产的占比较高,同时其生产水平也直接影响公司产量、质量及其综合收益。因此固定资产的运营效果,也就是周转程度必须引起高度关注,固定资产周转率往往会被表示其使用情况,计算公式为:固定资产周转率＝(销售收入净额÷平均固定资产原值)×100%。

(八)固定资产与其他资产组合的增值性分析

固定资产和其他资产相结合引发的增值效应,即当多种资产综合之后出现的协同效应。因为同样质量的资产在差异化的公司或者所处不同经营阶段内等,贡献作用是千差万别的,所以在评估固定资产的质量时,需要高度关注其相对价值。因此,需要结合所处时期的经济形势和市场需求等再次组合公司的固定资产。

十二、企业无形资产质量的分析

通常而言,无形资产并非以实物的形式予以呈现,是非货币性长期资产中的一种,仅供公司自用而非盈利,产出效果稳定性不高。在对无形资产开展质量评估时,需要联系项目的以上特点,重点关注其营收、变现能力等问题。

(一)无形资产的盈利性分析

无形资产是公司资产的重要组成部分,具有强大的盈利潜力。换而言之,公司无形资产比重和公司长期健康运营水平与市场核心竞争力间呈正相关。不过目前的会计准则及无形资产自身的发展情况,使会计报表里面呈现的无形资产账面价值和之前得到的费用紧密相连,实际上,一些内在价值远比账面价值高。账面价值更多的是一种表征含义,但无形资产的自有特点使其无法稳定收益,所以探究其盈利情况可行性不高。一定要在探究时认真研读报表附注等相关资料,确保全面把握和预测其盈利潜力。

各项目特征不一样,无形资产的属性和盈利能力也千差万别,所以要具体情况具体分析。通常而言,专利权在内的众多无形资产的法律保护时长是有限的,所以其盈利性也不同。但是对一些未经法律认可的资产,就很难分析其盈利潜力,甚至会导致资产泡沫。

（二）无形资产的变现性分析

只有转让时，才能将无形资产变现，转为现实收益。可是，无形资产本身的科技水平较高或具有明显垄断性质，其变现值的确定并不稳定。判断公司无形资产的变现能力的条件包括被特定主体的操控情况，独自转让的概率，有无开放的市场开展平等交易。或者说，公司现有的所有无形资产的变现能力是能够借助评估公司无形资产减值准备的计提状况获得的。但在变现期间，也要留意无形资产减值准备计提的科学性。目前会计准则下，无形资产减值准备发起计提申请后就不能随便转回了，所以也间接地限制了部分公司企图通过这一行为垄断市场利润的情况。

（三）无形资产与其他资产组合的增值性分析

无形资产自身的胶合和催化激活特点，需要结合有形资产才能被充分利用，进而为公司带来收益。公司能够借助部分无形资产带活有形资产，实现两类资产的结合使用，并凭借参股等途径进行公司扩张，实现资源的最优配置。换而言之，无形资产和其他资产的结合期间形成的增值效应，与它本身的盈利水平密切相关，并关系到它的质量水平。

十三、企业资产的总括分析

在对公司全部资产开展详细的质量评估后，还是需要对公司资产质量实施全面研究。分析人需要结合资产的整体质量，深入探究资产的构成情况，并仔细找出资产波动的主要范围和重点需要防范的不良资产，同时探究其波动趋势的质量含义。

（一）资产的总体质量分析

资产的总体质量能够根据最后的增值和变现质量看出。资产增值质量即将公司资产视作整体，周转期间有利于增加公司净资产价值的能力。结合目前的会计准则，利润需要结合资产实际价值的资产利用情况来呈现，同时也要注意公司资产在转置价值等方面的增值质量，据此还能有效推测公司的可持续发展潜力。而资产获现质量，即资产在利用期间可以帮助公司实现现金净流量的水平，这一指标同时关注公司的利润额和对应的现金流，凸显其资产本身的变现能力。

（二）资产的结构质量分析

因为资产的构成直接关系其呈现的经济和管理含义，所以需要高度关注公司的资产构成。结合资产和相应的使用途径分析，资产的期限及其渠道源的构成关系影响公司的债务偿付能力和财务问题。简而言之,评估公司的资产构成质量可从资产构成的有机整合性、与融资构成的对应性和公司战略目标的一致度来分析。

(三)关注主要的资产变动区域及其变动方向的质量含义

因为每个资产项目在落实公司战略的期间的定位不一,使得最后波动的质量含义也有所差异。在探究时,需要将重点放在关键的资产波动区,警惕上述变化引发的负面效应。

(四)关注企业主要的不良资产区域

不良资产重点分布于长期待摊费用等区域。研究者需要对这些潜在的危险区域全面把握,要做到精确分析,并联系各项目规模大小和波动趋势,以区分不良资产出现的重点地区,深入探究其出现问题的原因,以便更好优化和改进公司的资产管理效率。

(五)管理建议

1. 降低货币资金比例

货币资金拥有量太多会直接影响对资金的使用率,并为公司带来很多不必要的费用。所以,一定要结合企业目前的现实需要,确定最佳的货币资金占有量,尽可能保证足够的货币资金,减少因占有量的不足引发的负面效应。

2. 加强应收账款管理,减少坏账损失

公司应收账款的管理效率较低,势必会加剧坏账和错账出现的可能,无法保障该款项的质量。结合上述探究,不难发现企业的坏账准备若在应收账款中占比很大,说明这一问题亟待解决。

提升应收账款的管理效率,先要创建一个完善科学的信用体系,确定企业的赊销标准。换而言之,在赊销之前,一定要全面评估客户的信用记录,并将其划分成相应的信用级别和额度。另外,在平时的工作中,也要密切注意应收账款的动向,结合相关债权的账龄,帮助公司创建科学的信用机制等,以更好地防范坏账风险和减少不必要的费用和支出。

3. 加强存货管理,降低流动资产比例

流动资产占比太高,无疑会影响资金的使用率。所以,很多企业现在已经开始控制流动资产的占比。一般而言,如果流动资产里有很多存货积压,甚至占比到了70%,存货居高不下加剧了流动资产在总资产中的占比,这样一来就会增加企业的经营风险。

存货能够直接为公司带来收益，一定量的存货有利于促进公司的正常运营。可是如果这一占比太多，肯定会影响资金在其他方面的使用，并形成巨额的管理费等相关开支。所以，企业需要综合使用多种管理工具将存货控制在较小范围，提升资金的使用率，节省库存开支，以更加灵活地应对来自市场的各种挑战。

4. 加快固定资产更新换代

固定资产直接关乎公司的生产水平。公司需要持续更新固定资产，重视部分固定资产的投资，才能更好适应市场消费者的现实需求，提高市场份额及其核心竞争力。通过前沿科技增强公司整体实力，以更好提升产品品质及劳动生产率。

5. 提高负债比率，合理运用财务杠杆利益

债务资本比权益资本的开支更小，也能实现财务杠杆效益，所以尽管债务资本存在不少潜在问题，公司依然要有一定量的债务资本，使总资本费用压缩到最小并实现财务杠杆效益。为此，可以适当提升债务资本比重，增加负债率，并使资本支出降到最小，提高财务杠杆的利用率。

第三节　负债质量分析

企业负债分为短期负债和长期负债，其借款理由和偿还依据都有区别。

一、企业短期负债质量分析

(一)影响短期负债质量的因素

短期负债质量即公司流动资产能够足额按时偿还流动债款的水平，其能够评估公司现阶段的财务情况，尤其是流动资产的变现水平。如果公司短期负债质量不好，是很难得到最佳的进货价，同时也可能会因为无法偿还债款而被动抛出长期投资等，严重的也会引发破产。

在探究公司短期债款的质量时，前提是全面了解其影响因素，可以结合短期债款的具体项目等方面综合把握。

1. 流动负债规模与结构

流动负债，即公司能够在一年（包括一年）或多于一年的一个营业期偿付的债务。这一数值越大，意味着公司在短期的债务负担越高，所以短期负

债额直接关乎公司的短期债务偿还水平。

2. 流动资产规模与结构

流动资产能够迅速在固定期限内使变现速度加快,符合企业偿债的现实需要,是公司资产的必要构成,通常通过原材料等方式呈现。公司偿还短期的债务一般能够在一年内变现,所以流动资产是能否偿清短期负债的前提。通常流动资产和公司的流动偿债水平呈正相关。

3. 公司的经营现金流量

公司现金流的情况往往与其自身的运营状态和融资水平密切联系,最需要关注的是前者,一般运营状态好的公司,他们现金流出现中断的可能性就小,能够很好地确保债权人的合法收益。而那些运营不佳的公司,收不抵支,也很难有足够的债务偿付能力。同时,偿债水平也和公司的财务管理能力等因素相关。另外,国家宏观调控政策等外部环境也会对公司流动偿债能力有影响。

(二)反映短期负债质量的指标

公司的流动债务水平的分析即对公司短期负债质量实施的研究,相关指标详如图 3 - 1 所示。

图 3 - 1 短期负债质量图

1. 营运资金

公司偿付流动债务的可能性取决于债务量和能够变现的流动资产量。流动资产与流动债务间呈负相关,与债务偿付水平呈正相关。假设把所有的流动资产都用来还债,那么公司就只有营运资金了,狭义视角上营运资金和流动负债的和就是流动资产。营运资金在本质上体现出流动资产能够进行偿付和抵消负债之后的剩额,这一数据越大,意味着公司就有足够的流动资金偿还债务,流动负债的质量也较高,能够更好保障债权人的合法权益。公司可以偿清流动债务的可能性取决于债务量和能够变现的流动资产量。如果出现资不抵债,营运资金出现空缺,意味着公司正常偿清债务的质量比较差,出现破产的可能性越高;而如果资产远高于债务,营运资金有剩余,那么这一时期的流动资产是将固定量的长期负债等视作资金来源。

营运资金也要考虑其自身的合理性,即最佳的营运资金额。短期债权人往往期望这一资金数量越多越好,这样一来,他们就会承担更少的贷款损失。营运资金多的流动资产无助于公司增强自身的盈利水平。不考虑短期借款的短期负债一般也没有利息支出,流动负债额太少意味着公司通过无息负债扩充自身市场份额的可能性越小。所以,公司需要有一定量的营运资金。

2. 流动比率

流动比率即流动资产在负债中的占比情况,呈现公司在短时期可变现的流动资金能够抵销债务的可能性。这个可能性大小往往取决于短期债务量和可变现的流动资产量。具体分析如图 3-2 所示。虽然人们根据长期经验得出的一般性看法认为流动比率为 2 比较合适。最近几年,部分外国学者认为在确保流动资产不贬值的前提下,就算浪费掉一半也不会影响企业的债务偿付能力。因此通过流动比率和 2 之间的差距判断其短期债务质量的变动趋势。目前,尚未对流动比率的合理区间有明确界定,获得的数据具有较大的主观性,很难验证其科学程度。而所处领域不一样,流动比率的标准值的规定也有差异。所以要结合所在公司同期比值和同行的均值,进而确定该比值。不过,也可以全方位、多角度对比分析出现多样性的原因,深刻讨论财务管理中的潜在风险和解决措施。

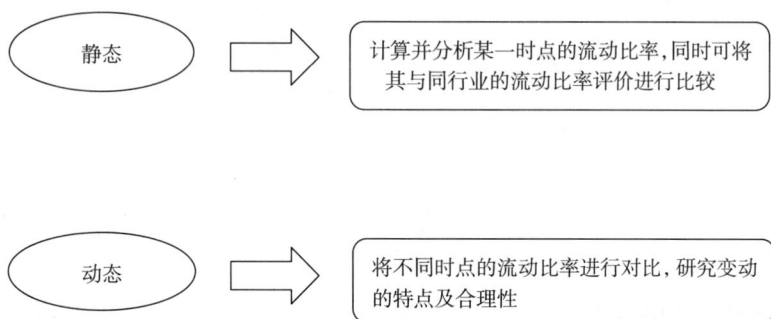

图 3-2 流动比率图

3. 速动比率

速动比率表示速动资产在短期负债中的占比情况,其能够很好地判断公司短期的债务偿付水平。因为并未考虑那些变现率较差的资产,所以该指标能够更科学和精准地反映公司资产的流动性和短期债务的偿付水平。

计算详见下式：

$$速动比率＝（速动资产÷流动负债）×100\%。$$

式中，速动资产＝流动资产－存货或速动资产＝流动资产－存货－预付账款

速动资产即包括现金在内的能够不限时间用于偿付债务的流动资产，通常包括应收账款，不涉及存货等。首先，存货的变现周期较长，部分存货甚至根本就没有变现的可能性，同时存货的估价在成本和正常市场价格间有差距，质量无法评价，也无益于债务的偿付。在实际工作中，因为这些在流动资产中的占比不高，一般会简单操作，并在确定速动资产时将其忽略不计。

对速动比率的探究思路：通常会认为比率在 1 或稍高的范围最为合理。这就意味着 1 块钱的流动负债可以被同等数额的流动资产抵消，进而很好地提高短期的债务质量。假设这一比率很小，则公司的债务质量堪忧；而比率太大，公司的货币性资产占比太高，也会损失不少优质的投资或盈利契机。日常工作期间，需要参考公司的行业特点，举个例子：部分销售行业，往往带有很大的现金流，应收账款可以忽略不计，速动比率远比 1 小，也是可以接受的，但还有部分公司尽管比率高于 1，可是应收账款却占比极高，说明公司债务偿还能力较低，容易导致更多的坏账等。所以应收账款的质量也是分析速动比率时极为关键的指标，同时应收账款的变现周期能够左右速动比率的计算。

4. 现金比率

分析完速动比率后，往往会接着分析现金比率。此处的现金即用于计算核实现金流的现金及一般等价物，这一比值体现了现金及其等价物在公司短期负债中的占比情况。公式详见下式：

$$现金比率＝（经营性现金净流入÷流动负债）×100\%$$

现金流动负债比率往往是结合现金出入的动态视角评估公司的现实债务质量。比率越高，公司运营中形成的现金净流入越大，债务的质量越好。通常来说，如果比率高于 0.25，公司的直接偿付实力相对较强。近些年，各公司管理层开始意识到现金流数据的重要性并逐步关注该项指标，借此能很好地估算公司的流动债务偿付能力。但也存在一些缺点，因为涉及的资产项目不多，结果代表性不强；同时，因为在计算现金流动负债比率时只牵

涉流动资产的现金及等价物，所以在使用过程中，也要综合分析现金使用的各种要求。

二、长期偿债能力的分析

长期债务质量能够体现公司有多大的实力保障长期债务的使用。公司的长期债务往往至少是一年的诸如长期应付款等的负债。

(一)长期债务质量分析的意义

1. 有利于优化资本结构和降低财务风险

长期债务质量分析可以发现资本构成中的潜在问题，设计改进资金管理方案，对资本构成予以优化，增加公司的市场价值。结合债务偿还情况，能够很快找到筹资管理中的不足，并优化负债占比，将潜在财务问题出现的可能性降到最低。

2. 能够评估其投资的安全性及盈利性

公司的长期债务质量关系其投资的安全程度，影响公司盈利水平。债权人评估公司的长期债务质量后，能够很好地评估债权的安全性，是否能按照合约拿到本金和利息。

同时，探究公司的长期债务质量也能很好地保障公司所有利益相关者的合法权益。而政府及有关部门也能根据公司运营的安全程度推出针对性的财经制度；业务合作者能够借此评估公司的贷款安全性，并综合得出公司的信用度和未来发展潜力，有利于更好地商讨后续的合作事宜。

长期债务的时间较长，而公司长期债务的质量由其自身的资产和负债比及盈利实力等因素决定，与资产的短期流动性关联度不高。

(二)资本结构比率

资本结构即公司不同的长期筹资渠道的结构和占比情况，它对公司长期债务的质量分析的作用为：长期债务的质量要看权益资本量，并且这一数值越大，越能保障债权人的利益；资本构成的不合理极易引发公司的系列财务问题和债务偿还能力。获利能力也和长期债务质量紧密相连，公司的经营不善会导致只能售出长期资产以抵扣债务的本金及利息。

下列指标能够很好地呈现公司资本构成的财务比率。

1. 资产负债率

资产负债率是负债在总资产中的占比，也叫债务比率。它能够体现借债筹集的资金在总资产中的占比情况，并判断公司通过债权人资金开展财

务活动的效率等,进而有效估算出公司在清算期间对债权利益相关者的维权力度。运算式为:

$$资产负债率＝(负债总额÷资产总额)×100\%$$

在公司内部往往会通过资产负债率判断其负债情况和潜在风险等信息。负债对公司而言,既存在有利影响,也有不利影响。首先,负债使公司出现潜在问题的可能性增大,而且债务往往和风险呈正相关。另外,债务比权益资本的费用更小,负债多了能够有机会提升公司的盈利水平,进而增加股价和股东综合收益。公司管理层的工作重点即平衡利润和风险,在潜在风险最低的情况下实现公司利润的最大化。

公司的目标资本构成,往往需要结合标杆企业的成功经验和行业动态等综合获得。通常来说,资产负债率控制在40%至60%的区间就比较合理。那些运营潜在问题相对较多的公司,需要将资产负债率控制在较低水平,以降低财务问题出现的可能性。举个例子,不少高新技术产业的负债率都不会很高;那些运营潜在问题相对较少的如水电行业等公司,往往倾向于将资产负债率定在较高水平,以保障和提升股东综合收益。中国在水电等基础领域、加工制造业、商贸业的资产负债率分别约为50%、65%和80%。所处的不同行业领域、国别或地域等都会影响公司对债务的态度。例如,英美国家的资产负债率一般都在50%以内,但是亚欧大部分地区明显就超过了这个比重,部分知名公司还超过了70%。出现上述差异的原因目前尚无定论,部分专家觉得亚欧大陆的企业大量资金从银行机构中获取,而英美地区则是股权投资人控制了资金。普遍认可的观点是,上述差异出现的原因不仅仅是财务管理不力引发的,更重要的是在思想、文化背景下造成的。

＊华公司2016年资产负债表:资产总额为90000万元,流动负债为48000万元,长期负债为1100万元,负债总额为49100万元。根据公式计算资产负债率为:

$$资产负债率＝(49100÷90000)×100\%≈54.56\%$$

资产负债率分析:债权者更加关注借给公司的贷款能不能按期拿到本金和利息,他们希望该比率越小越好。而股东则更加关注投入资本能否使公司获得现实收益,理由如下:①因为负债利息属于税前成本,借助负债筹资能够为公司赢得相应的税额庇护,实现财务杠杆效益;②一旦所有资本利润率比借款利息率还高,可以通过提高借款增加已有资本的利润率;③与权益资本筹资比较,负债的增加不会对之前固定的控制权有影响。

站在经营者的立场:他们会更加关注在完全借助借入资本获得的现实收益和较少的财务问题,理由如下:①负债利息能够极大地节省所得税费。②假设公司的负债率严重高出了债权者的心理预期,那么他们很可能出于对风险的考虑不再提供贷款机会,等于间接切断了公司的资金链;假设公司的负债额少到几乎可以忽略不计,意味着公司实施的财务策略较为保守,没有太大的投资信心,借助债权资本开展日常工作运营的效率较低。③结合财务管理的视角,在借助这一比率实施借入资本的决策活动时,公司需要全面分析未来的收益及潜在的系列问题,仔细分析利弊后将资产负债率降低至合理区间。

2. 产权比率

产权比率是负债在所有者权益额中的占比,用于评估公司的长期债务清偿能力,运算式为:

$$产权比率 = (负债总额 ÷ 所有者权益总额) × 100\%$$

*华公司 2016 年报表所示:2016 年年末负债总额为 49000 万元,股东权益为 32000 万元。

$$产权比率 = (49000 ÷ 32000) × 100\% ≈ 153.13\%$$

产权比率即凭借公司负债和所有者权益等指标,体现公司资金来源的构成关系,一般被用来评估公司的安全性和偿债能力。资产负债率是评估公司长期债务偿付能力的关键,一般还需要用到能够体现负债和所有者权益相对关系的产权比率。

产权比率体现出债权人和股东分别供应的资本关系;揭示了债权人投入资本受所有者权益保障的水平,债权人能够很好地推算一旦公司进入清算阶段,自己合法利益的安全性;侧面体现出管理者的财务管理效率和能力。

通过产权比来评估公司的长期债务偿付能力时,也需要关注产权比和资产负债率,只不过两者的侧重点不一样,所有者权益即公司的净资产,产权比体现出的偿债水平是建立在净资产的基础上的。

能够反映企业产权比例的还有其他指标,有形净资产也能够反映出产权比例问题。从有形资产净产值的概念来看,它指的是减去各种开发支出后的净值,而目前对于有形资产净值的阐述多从所有者角度出发。从其流程本身来看,有形净资产本身就能够反映出企业的偿债能力,尤其是在长期偿债的情况下,所以通常情况下,股东和投资者会将企业具备的有形净资产作为重要的考量内容。可以用以下公式进行计算:

$$有形净值债务率＝[负债总额÷(股东权益－$$

$$无形资产净值－开发支出－商誉)]×100\%$$

＊华公司报表所示:2016 年无形资产净值为 600 万元,负债总额为 49000 万元,股东权益总额为 33000 万元。根据上式计算有形净值债务率为:

$$有形净值债务率＝[49000÷(33000－600)]×100\%≈151.23\%$$

有形净值债务率是由负债总额和有形净值进行对比而得出来的一个数值,能够反映债权人在企业投资过程当中权力的被保护程度,所以从它的本质上来说,可以将其看作产权比例指标的一种衍生指标。现实应用当中,通常会将有形净值债务率运用到偿债能力和风险程度方面。

有形净值债务率对于揭示有形资产净值和负债总和之间的关系具有直接表现的作用,其中最为明显的特点就是在可用于偿还债务的净资产中扣除了无形资产的部分。

3. 权益乘数

权益乘数是通过将资产总额和所有者权益进行对比而得出的数额,通常情况下,能够将企业资产总额和所有者的权益倍数关系进行表现,公式为:

$$权益乘数＝资产总额÷所有者权益$$

结合上面计算公式所反映出来的各项信息,可以发现,权益乘数的大小与资产总额和所有者权益之间密切相关,资产总额情况不变的情况下,所有者权益越大,权益乘数越大;所有者权益情况不变的情况下,资产总额越小,权益乘数越大。通过上述公式的分析,可以发现债权人的权益保护程度和企业负债程度之间成反比,所以在计算的过程当中,也可以将权益乘数用以下公式进行表示:

$$权益乘数＝1÷(1－资产负债率)$$

＊华公司 2016 年报表中:资产总额为 90000 万元,股东权益为 33000 万元。

$$权益乘数＝90000÷33000≈2.73$$

权益乘数能够有效地反映出企业资产和所有者权益之间的倍数关系,

在企业运行当中对其长期偿债能力进行计算的时候,需要注意以下几个方面:权益乘数和资产负债率同样都能够用来衡量企业长期偿债能力,所以两者之间是可以互为补充的;但是若将资产负债率和权益乘数进行对比之后,就可以发现两者之间还是有很大的差别。前者侧重于总资产当中负债比例是多少,能够体现出债权人权益受保障的程度,后者则是能够说明企业资产与负债之间的依赖程度,而依赖程度的大小和风险之间也呈正相关关系。

(三)资本结构比率的构成分析

1. 长期债务的构成

资产负债表当中,长期借款、长期应付款、应付债券等都属于长期负债项目。在进一步分析长期债务当中,项目细化问题的时候应注意以下几点:

(1)结合企业发展现状可以对会计政策和方法进行选择,但是选择的不同也会使得企业长期负债额产生一定的差异。

(2)负债报告当中,可以对可转换债券进行说明,但是债券的可转换性也意味着它可以被归纳到权益类。

(3)优先股可以归纳到所有者权益范畴,但优先股当中若有固定日、到期日、有偿债基金要求的时候,就应该将其纳入负债范畴,若是法律上面有赎回要求也需要被纳入负债范畴。

2. 偿债资产的构成

企业若是存在负债问题,就需要用自身的资产来进行偿还,所以考核企业长期债务质量时需要将偿付实力作为重要组成部分进行分析。

(1)企业资产的收益和变现能力是企业债务质量的保障。

(2)企业资产是企业进行市场融资的根本。企业资产的大小和自身的融资能力之间呈现正相关关系。

结合以上两点的分析,就可以明显的发现,长期债务质量分析能够对企业偿债实力和融资实力形成一个很好的验证。固定资产指的是财务报表当中能够影响企业固定价值的因素,包括了固定资产入账价值、固定资产折旧损耗、固定资产减值准备等。可供出售金融资产和持有至到期投资指的是能够体现出公允价值和账面价值之间的差异所在。长期股权投资指的是企业受长期股权投资入账价值和长期股权投资减值准备影响所产生的变化。投资性房地产指的是后续计量模式当中成本和公允价值模式。无形资产是相较于有形资产的一种概念,并且具有很强的弹性。所有者权益的构成中涵盖多种概念,有未分配股利、盈余公积、资本公积以及股本,其中,未分配利润的比例和企业能力大小之间存在正相关关系。

(四)资产负债率分析

资产负债率时常被运用到趋势分析和同行分析当中,通常能够体现出企业长期债务质量的核心指标。

1. 趋势分析

例:下面对某公司连续五年企业资产负债率的趋势进行了分析,具体的分析内容详见表3-1所列。

表3-1　资金负债率分析表

年度(年)	2012	2013	2014	2015	2016
负债总额	3000	6000	9000	13000	49100
资产总额	17000	20000	25000	29000	90000
资产负债率	17.65%	30%	36%	44.83%	54.56%

结合表3-1所列反映出来的信息,可以看出公司连续五年的资产负债率都在连年上升。其中最为引人瞩目的是2016年的资产负债率,打破了以前资产负债率最高的纪录,数据显示企业负债提高的同时,也说明了财务风险也在逐步增加。通过分析可以将变化原因归为以下三点:

(1)企业筹资能力增强。通过对2015年和2016年数据对比,2016年股东权益增加,同时也提高了企业负债质量。

(2)企业调整了资本结构。负债总额和长期负债比例同时增加,2016年负债比例和企业获利能力都比较低。

(3)企业调整了资产结构。企业资产总额和流动资产比重都在逐步增加。

2. 同业分析

同行风险是为了了解行业发展动向,能够更进一步的分析企业长期的负债能力等信息。以PE公司所在的行业进行比较,见表3-2所列。

表3-2　同业分析表

年度(年)	2012	2013	2014	2015	2016
企业资产负债率	17.65%	30%	36%	44.83%	54.56%
行业资产负债率	—	48%	50%	50%	52%

结合表 3 - 2 所列反映的信息,可以看出同行业发展的平均比值。公司2012 年到 2015 年的资产负债率远低于同行业的平均比值,同样也可以反映出来,企业在当年具有较强的偿债能力,所以财务政策较为保守。公司发展至 2016 年,企业的资产负债率高于同行业平均比值,但是幅度并不明显。从整体的发展状况来看,公司在风险和资产负债率水平方面都保持在可接受范围内。结合利润表(数据略)当中所计算出来的 2016 年资产净利润率,当年的净利润率为 9%,相较于前一年提高了 4%,数据上的变化反映出了该公司当年扩大负债规模的选择是极为正确的,正确的选择也能够为企业创造更多的收入。

(五)影响长期偿债能力的其他因素

企业的长期偿债能力会受到很多种因素的影响,不仅有资本结构和收益等显著因素,结合企业的发展实践,对影响企业长期偿债能力的因素也应该进行主要的分析,包含退休金计划、承诺、或有事项、长期租赁、金融工具等。

第四节　所有者权益质量分析

所有者权益指企业资产扣除负债后由所有者享有的剩余权益,是资产总额减负债总额后的净额,是企业所有者对企业净资产的要求权。股份有限公司称为股东权益,本书中提到的所有者权益均与股东权益含义相同,以后章节不再重复解释。

所有者权益可以起到稳定企业资本结构的作用,保留一定规模和比重的所有者权益,可以避免公司陷入高负债的危机之中,所有者权益是企业长期偿债能力的保证;同时,所有者权益的规模大小也是外部债权人、投资者考察企业风险高低和实力强弱的重要指标,因此从这个角度说,所有者权益可以起到"定海神针"的作用,是企业经营的"压舱石"。

一、实收资本分析

实收资本是股东投入的初始资本金。我们都知道,有限公司在注册成立的时候,都有注册资金,这个注册资金实际到账后就是实收资本,这个钱一般就是公司最早投资设立的时候募集的资本金,也可以说就是公司的原始投资额。实收资本金额越大，表明股东对公司的信心越足，也说明股东的实力较强。当然实收资本也不是一成不变的，有时候在后续运营期间股东会增资，这时候实收资本就会增加，也有可能在后期有股东要撤资，这时候实收资本会减少。

二、资本公积分析

资本公积是什么？从会计准则的解释来看，资本公积包括资本（股本）溢价、资产评估增值、资本折算差额、其他资本公积。

所谓资本溢价，是指投资人的投入资本超过其注册资本的数额。比如公司股东之一王某计划投资 200 万元，占该公司的 20% 股权，但是按照股权协议，王某占 20% 股份只需要 160 万元，那么多出的这 40 万元（200 万元－160 万元）的资本就是资本溢价。

所谓资产评估增值，是指资产评估值大于资产账面价值。比如企业要改制，由有限公司改制为股份公司，需要进行资产评估，原有一台设备原价500 万元，已累计折旧 100 万元，净值为 400 万元，经专业资产评估机构评估之后认为该资产价值为 460 万元，不考虑各种税费的问题，该设备资产增值了 60 万元，这 60 万元资产评估增值就是资本公积。

所谓资本折算差额，股东出资时，如果用的是外币，在兑换成人民币时就会产生汇兑损益。比如某股东计划出资 100 万元人民币入股某公司，但此股东汇来的是 16 万美元，按照汇率折算成人民币是 106 万元，多出来的 6 万元折算差额就是资本折算差额。

三、留存收益分析

留存收益包括盈余公积和未分配利润。盈余公积是企业从税后利润中提取形成的、存留于企业内部、具有特定用途的收益积累。我们从盈余公积的定义中就可以知道，盈余公积就是从净利润中提取的，所以它也是净利润的一部分。盈余公积具有特定用途，那是什么特定用途呢？它的用途可以用来弥补亏损、转增资本、分配股利。盈余公积分为法定盈余公积和任意盈余公积，法定盈余公积就是国家规定上市公司每年末要根据当年的净利润的 10% 计提法定盈余公积，历年累计计提数超过注册资本的 50% 时可以不再计提；任意盈余公积是公司可以自行决定是否计提的公积。

（一）留存收益是历年利润留存于企业的内部积累

未分配利润指的是企业经营所获得的净利润在除去耗损、盈余公积和投资者分配利润后的剩余利润总和。我们在资产负债表中看到的未分配利润期末余额，那就是企业自成立以来历年累计的扣除分配股利、计提盈余公积之后的净额。

（二）留存收益是连接利润表和资产负债表的纽带

在会计账务处理中，每月的净利润都在本年利润中核算，年末将本年利润一次性转入未分配利润中，如果没有分配股利，那么历年利润表中的净利润累计数就是资产负债表中未分配利润期末数，用公式表示：期末留存收益＝历年净利润累计数－历年分配的股利累计数。所以说留存收益是连接利润表和资产负债表的一个纽带，二者间存在着紧密的钩稽关系。

四、资本结构分析

在分析资产负债表时，经常会接触到资本结构的概念，那么什么是资本结构？简单来说，资本结构就是企业的资金来源中有多少是债务资本，多少是权益资本，所谓债务资本就是资本来自负债，权益资本就是资本来自所有者权益。

通常的资本结构有三种模式：保守型资本结构、适中型资本结构、风险型资本结构。简单来说就是资本结构中债务资本比重较高，那么其风险就较高，权益资本比重较高，那么其风险就较低。了解企业资本结构，有助于更好了解企业的财务风险，进行有关财务风险的分析。

五、所有者权益数据也可能失真

（一）资产数据或负债数据失真，从而导致所有者权益数据失真

比如前面讲到的资产中其他应收款，如果其他应收款是关联公司之间的资金往来，并且金额较大，长时间不返还，这个时候，可能其他应收款在资产负债表上是资产，但实质上这个钱早已花掉，只不过没有发票冲账，其资产的实质已经不存在。在这种情况下，企业更真实的资产情况是应该将这笔其他应收款视同成本费用，从资产中剔除掉，同时减少所有者权益中的"未分配利润"。这时候所有者权益才是真实的，如果不减少未分配利润，那么所有者权益的数据也是失真的。

（二）所有者权益的其他一些情况导致数据失真

比如对于新成立的公司，实收资本有可能并不准，很多新成立的公司，实收资本到账后，很快就以各种名义转移出去，可能会存在虚假注资的情

况,因此对于新设立公司的实收资本应保持几分质疑。

另外,对公司注册资金中以非货币性资金投入的,应分析作为投资的资产公允价值是否与双方达成的合同金额相同,有没有高估。

第五节　企业偿债能力分析

一、企业通过负债经营可以起到以下几方面的有利作用

(一)扩大企业的资金来源渠道,弥补企业营运资金和长期发展资金的不足

企业正常的生产经营活动,会涉及大笔的资金流动问题,若是仅仅依靠内部积累是无法达到这一目标的,所以企业除了依靠内部资金积累之外,也会通过举债的方式来在短时间内扩大企业的资产规模,从而更好地为企业发展抢占市场新机。但是,在这一环节当中就会出现一个问题,那就是当企业资金不足以支撑其正常运转的时候,需要进行负债经营,而当企业资金能够周转的时候就需要对这一部分债务进行偿还。所以当企业处于资金困境的时候,可以通过负债途径获得更多的资金对技术、经营进行改善优化,从而更好地提高其竞争能力。

(二)利用负债经营减少税收,降低经营成本

对企业来说,利用负债经营在一定程度上能够起到抵税的效果,这是因为短期负债的利息可以计入财务费用当中,在计算企业所得税时可以进行税前扣除,从另一个角度来说就是增加了企业的经营收益,利息费用和节税金额之间往往是呈现正相关关系。同时,负债经营可降低企业资本成本,对资本市场的投资者来说,债权性投资的收益率固定,能到期收回本金,其风险比股权性投资小,所以投资报酬率预期也会低于股权性投资。

(三)负债经营可以发挥财务杠杆的作用

向债权人支付利息与企业的盈利水平无关,只是需要按照合同要求支付固定的金额,如果投资收益大于债务利息,那么企业财务杠杆效应就会明显。

(四)负债经营可以避免企业股权稀释

负债经营中企业的经营决策与债权人无关,所以负债经营并不会影响

企业高层对企业发展的控制权。

(五)负债经营可以在通货膨胀中获利

通货膨胀对于实际偿还数并不会起到直接作用，所以负债经营过程当中，通货膨胀会带来一定的额外收益。如果市场发展中通货膨胀率变高，企业在负债经营的背景下，会因为货币贬值而只需要支付较低的成本，企业获得的利润便会变大。在当下认识的负债经营所带来优势的同时，也应该看到负债经营一样存在很大的劣势，企业一旦经营不善，可能会面临不利影响。

二、偿债能力分析

以下部分指标即能够评价债务质量，也能反映偿债能力。

(一)短期偿债能力分析

1. 流动比率＝(流动资产÷流动负债)×100%

流动比例会受到企业发展经验的影响，西方国家的有些企业认为200%的比率比较恰当，若是高于这个比率，企业偿债能力就能够在短期内得到体现，但同时也会因为各种因素影响而降低了企业的获利能力。对制造企业分析可以发现，企业若是存在过多存货会造成企业生产与销售的不平衡，造成货物滞压，但是并不意味着企业具有很高的偿债能力。

2. 速动比率＝[(流动资产合计−存货净额)÷流动负债]×100%

西方国家的有些企业认为，速动100%的比率是安全边际，当速动比率较高的时候，就说明公司不需要动用存货，自身的速动资产就能够起到债务偿还的作用，所以此时所反映出来的债务偿还能力是比较突出的；但是速动比率更高的时候，就会造成资金闲置的问题，盈利方面的负面影响也很严重。

3. 现金比率＝(货币资金÷流动负债)×100%

公司所存有的现金比率越高就说明它所具有的偿债能力就会越高，现金比例越低，就说明公司所具有的偿债能力就会越弱。一般情况下，公司的现金比例会保持在一定的范围，普遍情况下认为，20%的现金比率就可以满足公司的正常运转。

(二)长期偿债能力分析

1. 资产负债率＝(负债总额÷资产总额)×100%

资产负债率过高或过低都会产生一定的问题，根据企业发展的具体状况,认为资产负债率维持在40%到60%比较合适,所以公司在运转的过程当中,需要根据资产负债率问题进行一定的调节,从而激发企业员工和投资人对公司的信心。

2. 产权比率＝（负债总额÷所有者权益）×100%

产权比率问题会影响公司运转,当产权比例较低的时候,企业针对风险等问题进行了明确的预防,此时,债权人的利益能够得到最大程度的保护;反之,企业负债所带来的杠杆作用无法得到正常的发挥,一般情况下这一比率维持在100%最好。

企业适度负债有利于扩大经营规模,有利于获得杠杆收益,有利于保持企业资金周转顺畅,但过多的负债、过高的负债率往往会给企业带来沉重的包袱。此时应该看到负债的双面性。

资产负债表中的"负债"一栏,是按照流动性的强弱排列的,也可以理解为按偿还紧急程度列示的,比如短期借款的偿还紧急程度要比应付票据更高,而应付票据比应付账款偿还更刚性、更紧急,以此类推。

不是所有的负债都需要用货币偿还。提到负债,那就是欠别人的钱,短期借款一般是欠银行的钱,应付账款、应付票据一般是欠供应商的钱,应付职工薪酬是欠员工的钱,应交税费是欠税务局的钱。但是并不是所有的负债都需要用货币偿还。对于这种问题,可以从两个方面来理解。一是不需要用货币偿还,如预收账款、专项应付款。预收账款一般是预收客户的货款或服务款,基本都是未来以货物或提供劳务来冲抵这一负债,一般不需要用货币来偿还。专项应付款是企业接受国家拨入的具有专门用途的拨款,如新产品试制费拨款、中间试验费拨款和重要科学研究补助费拨款等科技三项拨款等,只要企业能保证专款专用,这些负债一般是不需要偿还的。二是非货币性交易、债务重组来冲抵负债。比如有的企业确实无法偿还供应商的应付账款,但是经双方同意,进行债务重组,该企业用自己的货物来冲抵这一欠款,这样也没有涉及货币偿还。所以,对负债的分析,就要了解负债的特殊性,有些是必须现金偿还,有的可能需要偿还也可能不需要偿还,还有的不需要现金偿还等。

三、负债的双面性:天使还是魔鬼

西方有句谚语:"谁陷入负债,谁陷入悲哀",有人对此深信不疑,他们厌恶风险,厌恶负债,在这部分的人眼里,负债是魔鬼。但也有人喜欢负债,大额举债,不怕担风险,法国著名作家小仲马在他的剧本《金钱问题》中有一句台词:"商业,这是十分简单的事,它就是借用别人的资金。"有的商人利用负债借鸡生蛋,四两拨千斤,生意越做越大,在这一部分人的眼里,负债是天使。

现代社会背景下,企业的发展都不可能绕开资金问题,可以说一个企业的发展全靠资金来维系。但不是每一个企业都有足够的资金能力来支撑自身的发展,所以通常情况下,企业管理者会通过多种途径筹集资金来支撑企业的正常运营,如通过银行贷款、发行债券、商业信用等筹集资金。

锄头是农民的劳作工具,而有人却用它行凶杀人;核能可以用来发电,提供没有污染的清洁能源,但核能也可以制造核武器来威胁人类的生存,因此很多事物和工具都具有两面性。对于负债的问题,可以理性思考:善用负债,可以事半功倍,带来企业经营的快速发展;而盲目负债,则可能把企业带入危机的深渊。

四、企业获利能力和偿债能力指标分析

(一)偿债能力因素和获利能力因素产生变动的情况下对企业的投资价值进行评估

如果一个企业的偿债能力与获利能力非常强或者非常弱,那么投资者可以直观地对其投资价值进行评估,且评估结果一般都比较准确;但是如果是那些偿债能力与获利能力都不太显著的企业,投资者就需要采取合理的方法对其投资价值进行探讨。若企业在获取利益上具备很强的实力,但是却不具备偿债能力的话,其投资价值也并不高,这是由于偿债能力低下的企业很有可能在发展过程中随时发生隐患。

1. 有些企业在获取利益方面能力强,但偿债能力并不突出。导致这种情况产生的原因可以从以下两个方面进行分析。

(1)如果是因为某一时间段内的销售收入,存在很多应收账款没有被收回,也就是应收账款的数额提高,这就需要以应收账款的收回可能性为基础去判断其投资价值。如果应收账款中大部分都是短期账款,而且也做好了坏账处理的打算,那么企业的损失会比较小,也就代表着这个企业有投资价值。相反,如果应收账款中大部分都是长期账款,可能还有三年以上的坏账记录,就算它具备投资价值,但是该企业发生坏账损失的概率还是比较高的,而且损失的金额数目也会比较大。由此一来,企业的偿债能力就会明显

降低,也会导致企业的盈利逐渐下降。所以,从长远的角度来说,若这种情况一直存在,那么该企业并不具备投资价值。

(2)如果是因为成本支出与摊销时间相违背,那么就需要以该项目的成本支出和摊销标准为基础去探讨企业的投资价值。需要了解企业的存货计价方式、库存数量等。通常来说,企业的成本支出与摊销时间都是具有差异的,在会计上被称之为递延资产。若此项目的成本支出并不多,那么就不会影响企业的运行状况,也不会左右投资者的看法和观点;但是如果这一项目的成本支出比较多,就应进行协调,同时还需要和其他企业进行对比,从而展开深入的分析,以此来准确评估企业的投资价值。

2. 那些在获取利益方面能力比较强,但是偿债能力不突出的企业,他们的现金流量一般都比较大,且流动比率、速动比率都很高。这是由于所投资的高新技术项目还没有获得收益,资金闲置无用,这种企业并不具备短期投资价值,但是从长远的角度来看,它却有着较高的投资价值。企业的偿债能力不突出,那么一般不会发生资金匮乏的情况,等到投资工作完成后,获利能力也会得到明显的提高。不过从长远的角度来说,如果企业的获利能力一直停滞不前,那么就算它具备一定的偿债能力,也没有很高的投资价值。这是由于偿债能力是由获利能力决定的,若没有良好的获利能力作为基础,再强的偿债能力也发挥不了长期的作用。

(二)把偿债能力与获利能力结合在一起进行分析,以此来探讨如何判断企业的投资价值

我们可以从经营活动的现金流量出发,将企业的偿债能力与获利能力结合在一起展开分析,并以此为前提进行结构分析和比率分析,对企业的投资价值进行判断。

1. 结构分析

结构分析指的是分别从用量、内部结构两个方面对企业某个时间段内的经营活动现金流量展开探讨。这样,投资者就可以大致掌握该企业的现状,了解企业的获利能力以及偿债能力,从而对其投资价值做出准确的判断。在采用结构分析法时,主要会用到这些指标。

(1)现金流量结构比率。所谓现金流量结构比率,是用单向现金流入量除以现金流入总量,公式为:

现金流量结构比率＝(单项现金流入量÷现金流入总量)×100%

经过计算可以知道,这一指标能够充分反映现金总流入量的组成部分

和来源，根据计算总量，从而了解企业经营活动现金流量的多少。比如，某企业的总现金流量是 9000 万元，其中包含了 5000 万元经营活动现金流量，占比为 55.56%；通过投资得到的现金收益为现金收入 500 万元，占比为 6.1%，筹集资金而获得的现金为 4800 万元，占比为 53.33%。可以看出筹集资金活动是确保公司运转的重要保障，其产生的现金流量超过了一半。针对这种情况，投资者需要引起重视。因为通常来说，经营活动所产生的现金流量才是公司利益的主要来源，也只有这样才可以确保企业收入具备稳定性。通过研究发现，4800 万元都是通过筹集资金获得的，这就代表企业一直以来用借款来维持运转，如果负债到期，那么企业就需要用大量的现金去支付利息，若企业的现有资金不足以抵消债款，那么企业很有可能面临破产；就算企业能够按时偿还债款，但是大量现金的流出，同样会使投资者的利益受到影响。

（2）现金流入对现金流出的比率。所谓现金流入对现金流出的比率，指的是用经营活动所带来的现金收入除以经营活动所带来的现金流出，公式为：

现金流入对现金流出的比率＝（经营活动产生的现金流入÷经营活动产生的现金流出）×100%

这一指标能够反映出企业通过经营活动获取现金的多少，它体现了企业在经营上获取利益收入的能力与水平，也就是代表着企业获利能力的强弱。一般来看，如果通过计算该公司这一比率数值没有超过 1，也就反映了该公司在经营活动上支出的现金要大于收入，所以这个公司的获利能力存在很大的不足。

（3）经营活动现金流入量项目构成比率。所谓经营活动现金流入量项目构成比率，指的是用各种经营活动现金流入数量除以经营活动现金流入总量。公式为：

经营活动现金流入量项目构成比率＝（各项经营活动现金流入量÷经营活动现金流入量）×100%

通过对企业的现金流量结构比率进行研究，再去计算经营活动现金流入量项目构成比率，能够充分了解企业的现金流量组成结构，准确判断企业的经营活动是否正常，特别是主要运营业务的性质，这与企业的获利能力、偿债能力是直接挂钩的。如果通过计算得出，该公司的经营活动现金流量收入占比为 80％左右,则反映出经营活动是该公司的最大经济来源,所以企业的收入是具备稳定性的,给企业的偿债能力与获利能力奠定了坚固的基础。

2. 比率分析

比率分析指的是用经营活动现金流量除以会计利润,以此来评价企业在获取利润上的能力。

(1)盈利现金比率。盈利现金比率是经营活动现金净流量与净利润的比率。计算公式为:

$$盈利现金比率＝(经营活动现金净流量÷净利润)×100％$$

该比率体现的是企业某时间段内通过经营而获得的现金流量与净收益的比值,通常来说,这一比率数值越大,则企业的获利能力、偿债能力越高。通过计算,如果公司的该比值为负数,即反映了净收益与实际情况不相符合。通过进一步探讨,假设这是由于在这一时间段内经营收益上涨了,使得净利润和经营活动现金流量的差值变大,投资者需要密切关注这笔账款的收回情况,这笔账款的收回对企业的发展有着重要的影响。

(2)经营利润实现比率。所谓经营利润实现比率,指的是经营活动现金净流量与营业收益之间的比值。公式为:

$$经营利润实现比率＝(经营活动现金净流量÷营业利润)×100％$$

如果通过计算得到公司的该指标数值是负数,这代表着企业通过经营活动所得到的收益与经营活动的现金流量不一致,企业报表上的收入可能很高,但是实际现金收益却很低,从中可以看出企业在经营中的获利质量还有待提高,偿债能力也相对来说比较弱,不具备较高的投资价值。

要想准确评估某一个企业的投资价值并不是一件容易的事,过程比较烦琐,如果只关注企业的获利能力、偿债能力或者其他某个单一的指标,所得到的评估结果都是不科学的,不足以用来判断企业是否具备投资价值。在对企业的投资价值进行分析时,每个指标都有着自身的作用,必须将各个指标结合在一起进行综合的探讨,如偿债能力与获利能力两个方面结合在一起,从多种角度出发对企业综合能力进行探讨才可以得到一个具有合理性的结果。

若企业的偿债能力指标与获利能力指标呈现同向变动,则投资价值判断较易得出;若两类指标出现较大背离,则需仔细分析差异原因,对企业财务状况深入分析,对相关科目的变动高度关注,结合现金流量分析对企业投资价值做出正确判断。在判断过程中,可以参考本书结构分析与比率分析中的指标,充分结合现金流量探讨获利能力与偿债能力。

第六节　企业营运能力分析

企业营运能力是指企业在正常的运营活动中资产的营运能力,具体指资产的效率与效益两方面的能力。其中,前者指资产的周转率或周转速度,后者指企业的产出量与资产占用量之间的比率。所以,企业的营运能力是对相应指标进行计算与分析的结果,企业的效率与效益直接反映了自身的资产运营状况,从而为企业调整运营模式打下坚实的信息资源基础。其意义主要表现在:第一,通过分析有助于发现企业运营的不足和问题;第二,有助于评价企业的资产营运效率;第三,有助于改善不足,提高营运能力和偿还能力,为进一步的工作打下基础。

一、分析内容

企业营运能力分析主要有三方面的表现,其中对每一部分的内容也做出相关分析,具体如下。

(一)全部资产营运能力分析

1. 全部资产产值率分析;　2. 全部资产收入率分析;　3. 全部资产周转率分析

(二)流动资产营运能力分析

1. 全部流动资产周转率分析;　2. 全部流动资产垫支周转率分析;　3. 流动资产周转加速效果分析;　4. 存货周转率分析;　5. 应收账款周转率分析

(三)固定资产营运能力分析

1. 固定资产产值率分析;　2. 固定资产收入率分析

二、全部资产营运能力分析

全部资产营运能力分析是针对企业的全部资产进行的分析,其中主要是围绕着营运效率展开的。主要体现在以下两个方面。

(一)反映全部资产营运能力的指标计算与分析

企业在对运营的相关活动进行核算时,使用全部资产投入后所取得的产出量能的分析。在这部分资产投资产出中,用于生产的部分用总产值表示,用于社会发展需要的部分用总收入表示。因此,通过对全部资产的产值率、收入率和周转率的分析获得公司运营能力的相关信息。

(二)全部资产营运能力综合对比分析

所谓综合对比分析是指将反映运营能力指标的全部资产、流动资产以及固定资产综合起来进行的分析。

三、相关原则

分析企业资产营运能力的重要前提是确定评价指标,因为一定的指标体系是进行正确评析的保障,但在设计各种指标的时候并不是随意的,还要遵循一定的原则。

(一)应满足资产营运能力的实质要求

满足资产营运能力的实质要求,也就是说在保证资产充足的条件下,尽可能少的资产占用生产尽可能多的产品,以满足资金的周转,提高产品运营收益,使企业的利润最大化。

(二)应体现多种资产的特点

企业的资产不仅包括固定资产,也包括流动资产,它们使用的情况不同,表现出来的特点也大不相同。前者具有使用价值与价值相脱离的特点,所以应综合考虑进行指标计算;后者具有流动性的特点,所以也要根据项目变化频繁的具体情况进行指标计算。

(三)应有利于考核分析

在已有考核指标的基础上,进一步将其规范和有序化,同时综合现有的核算资料等信息,再进行具体的计算和分析,这样的指标分析才会更有实用价值。

四、流动资产

(一)全部流动资产周转率的计算与分析

流动资产周转率是指在某一段时间内,流动资产平均占用额与流动资产周转额的比率,集中反映了资产使用与工作完成程度的情况,同时该比率既能反映资金的利用程度,又能反映资金的流转速度,进而表现公司的运用状况和目前的经济效益情况。

1. 流动资产周转率计算

流动资产周转率的计算,一般可以采取以下两种计算方式:

（1）流动资产周转次数＝流动资产周转额÷流动资产平均余额

（2）流动资产周转天数（周转期）＝计算期天数（360）÷流动资产周转天数＝（流动资产平均余额×计算期天数）÷流动资产周转额

以上两种计算方式都是流动资产周转速度的表现。一定时间内的资产周转次数和天数成反比，与周转速度成正比；周转次数越多，天数就越少，周转速度就越快，那表明公司的效益就越好。反之，则表明公司的营运能力就越差。

企业全部流动资产周转率的计算：

（1）全部流动资产周转次数＝销售收入÷全部流动资产平均余额

（2）全部流动资产周转天数＝（全部流动资产平均余额×计算期天数）÷销售收入（或全部流动资产垫支周转次数＝销售成本÷全部流动资产平均余额）

（3）全部流动资产垫支周转天数＝（全部流动资产平均余额×计算期天数）÷销售成本。

2. 流动资产周转率分析

（1）分析流动资产周转率，首先就需要找到影响其变化的因素，所以根据计算公式可得：

$$流动资产周转次数＝[（销售成本÷流动资产平均余额）×销售收入]$$

$$÷销售成本，销售成本$$

$$＝流动资产垫支周转次数×成本收入率$$

一是垫支周转次数，反映了流动资产在一定时期内可周转的次数。

二是成本收入率，反映了企业支出与所得之间的关系。

当成本收入率大于1时，说明企业的收益较好，运营水平较高，表明其周转次数就越快；反之，如果成本收入率小于1，说明企业收益不好，运营水平可能出现了下降，企业所得主要用来弥补耗费，甚至会入不敷出，这时周转次数的加快就会带来不良影响，不利于企业经济的发展。探究成本收入率如何影响流动资产周转次数，以及如何影响企业收益发展，本书认为可以采用连环替代法或差额法进行计算分析。

（2）各项流动资产周转情况分析——企业存货周转情况

企业存货周转指的是一定时期内，企业存货占用资金可用于周转的次数，或每周转一次所需要的天数。其具体形式表现在：

$$存货周转次数＝销售成本÷平均存货$$

$$平均存货＝（期初存货＋期末有货）÷2$$

$$存货周转天数＝计算期天数÷存货周转次数$$

$$＝（计算期天数×平均存货）÷销售成本$$

就其本质而言,这两者其实是一致的。但如果对其评价标准进行分析就会发现有所不同,存货周转次数越多,表明运营情况越好,所以它是一个正指标。当然也不是越高越好,当超出一定的界限时,那可能是企业在管理和运营方面出现了新的状况。

在影响存货周转率的众多因素中,材料、在产品以及产成品三者的周转率起到主要作用,其计算公式为:

$$材料周转率＝当期材料消耗额÷平均材料库存$$

$$在产品周转率＝当期完工产品成本÷平均在产品成本$$

$$产成品周转率＝销售成本÷平均产成品库存$$

其中,这三者在本质和评价标准等方面基本一致,都是表现为与周转次数成正比,与周转天数成反比的关系,前者越多越好,后者越少越好。通过计算和分析可以有效地评估公司目前的存货管理水平,从而找出不足以及发现管理中的缺陷,以找到更好地改良措施来改善运营方式,加强管理,获得更好的收益。

在企业保持一定的生产水平、实现产销平衡状况的前提下,运用因素分析法探究存货周转率的情况,进而确定各因素对它的影响程度,具体为:

$$存货周转天数＝（材料周转天数×材料消耗额）÷（总产值生产费＋在$$
产品周转天数＋产成品周转天数）

(二)企业应收账款周转情况分析

1. 企业应收账款的周转情况通过应收款周转率来表现。其计算公式为:

$$应收账款周转率＝赊销收入净额÷应收账款平均余额$$

其中:赊销收入净额＝销售收入—现销收入—销售退回(销售折让或销售折扣)

$$应收账款平均余额＝（期初应收账款＋期末应收账款）÷2$$

通过计算和分析可以用于探究公司应收账款的变现速度,同时也用于资产管理效率的情况分析。短时间的账款回收不仅表明企业的信誉情况,而且还可以大大节约时间,减少资金的耗用,进而保证资金的准确性,减少发生坏账的现象,这种情况下周转率越高越好。

2. 企业应收账款的周转情况也可以通过应收账款的周转天数来表现,即平均收款期:

应收账款周转天数=计算期天数(360)÷应收账款周转次数

=应收账款(平均余额×360)÷赊销收入净额

根据以上计算公式分析可见,应收账款周转天数越短,表明资金的回收效率越高,企业的资金周转就越灵活。

(三)营业周期分析

公司获得存货,进入销售状态,进而收回投入资金,这整个过程都属于营业周期的范畴。存货和应收账款两者的周转天数决定了整个营业周期时间的长短。其计算公式为:

营业周期=存货周转天数+应收账款周转天数

以上公式表明了公司将货物变现的时间长短。通常来说,营业周期越短越好。因为周期短表明公司的管理水平较高,资金的周转速度和流动速度较快,相应的资产风险就会大大降低;反之,营业周期长,资金的周转速度和流动速度都比较慢,管理效率也比较低,说明企业的运营状况还有待改善,可能存在一定的资产风险。所以,公司应尽量缩短营业周期,增强企业管理效果,保证资产的正常运营和流转,这对企业的发展至关重要。

(四)流动资产周转加快效果分析

流动资产周转速度加快,一方面,一定资产创造的收入会有所提高;另一方面,产出所需的资产数额会有所降低。

1. 加速流动资产周转所节约的资金

加速流动资产的周转可以节约部分资金,而此部分节约额主要表现为绝对和相对两种节约形式。前者是指流动资产的快速周转,企业就可以从中支取部分资金用于偿还债务;后者是指在保持资产一定的情况下,加强企业经营活动,扩大生产规模,进而保持债权人对企业的新投资。由此看来,两者最大的不同是运作方式的差异,前者是将节约的资金用于偿还债务,而后者则是用来扩大自身的再生产。在企业流动资产周转加速这个大前提下,具体计算节约金额的方式表现在以下三种情况。

(1)全部节约额都是绝对节约额。指在销售收入保持一定的情况下所形成的流动资产节约额。

(2)全部节约额都是相对节约额。在一定资产数额下,企业用于生产活动的流动资产实际占用较多的情况下所形成的流动资产节约额。

(3)同时具有绝对节约额和相对节约额。在增加销售收入、减少流动资产占用额的情况下形成的流动资产节约额,其计算公式是:

$$绝对节约额＝报告期流动资产占用额－基期流动资产占用额$$

$$相对节约额＝流动资产总节约额－绝对节约额$$

与流动资产节约额相对应的就是流动资产浪费额,同样也可以分为绝对和相对两种浪费额的表现形式。

2. 加速流动资产周转所增加的收入

当企业的流动资产所占据的比例是固定的,这个时候加快企业内部资金的周转速度,就能够提升企业的销售收入,增加的销售收入的计算公式是:

$$销售收入增加额＝基期流动资产平均余额×(报告期$$

$$流动资产周转次数－基期流动资产周转次数)$$

上式计算结果为正数时,说明加速流动资产周转可以增加销售收入;计算结果为负数则说明流动资产周转速度缓慢导致销售收入的减少。

五、固定资产

(一)固定资产利用效率分析

1. 固定资产产值率分析

在某一固定的阶段,企业所生产的总的价值与固定资产平均价值之间的比例关系就是固定资产的产值率,也可以将平均总值换成每百元固定资产带来的生产价值。计算公式为:

$$固定资产产值率＝总产值÷固定资产平均总值$$

公式中关于平均总值的计算方法存在着两种不同的方式,第一种选择是固定资产的原值,因为在企业的发展过程中,固定资产的本身价值会发生改变,但并不代表其生产能力会降低。例如企业的生产设备,随着生产设备的不断使用，它本身的价值在减少，但设备的生产效率在很长时间内并不会发生改变，而且选择原值计算，企业可以通过不同阶段进行比较，或者和其他企业进行比较，这是净值计算不能达到的。第二种选择是固定资产的净值，因为原值中包含的一部分固定资产是没有产生作用的，虽然损耗比较小，通过其他方式已经收回了价值，但净值计算才能真正明确企业对于固定资产的使用情况。从整体上来说，这两种计算方法都有缺点，所以只有将两种方法结合起来计算，才能够从生产能力和实际使用两方面来确定企业对于固定资产的利用程度，才能全面地了解企业利用固定资产产生了多少经济效益。

公式可以计算出每百元固定资产产生的数值，数值越大，表明固定资产的作用就越强，反之就越弱。判断总产值和固定资产的方法不仅仅是某一固定指标，还可以从百元生产的价值占固定资产多少来计算，计算公式如下：

百元产值占用固定资金＝（平均固定资产总值÷总产值）×100％

通过公式可以计算出多少固定资产可以产生百元的价值，利用得越少，说明固定资产的利用率越强，反之就越弱。

固定资产产值率的变动原因是由多方面因素引起的，是一个综合作用的结果。固定资产的原价值所剩余的平均价值，用于生产的部分是多少，生产所利用的固定资产中，关于生产设施的利用率是多大，这些都是影响固定资产利用率的因素，可以通过以下方法来计算固定资产产值率：

固定资产产值率＝总产值÷固定资产平均总值

＝（总产值÷生产设备平均总值）

×（生产设备平均总值÷生产用固定资产平均总值）

×（生产用设备平均总值

÷固定资产平均总值）＝生产设备产值率

×生产设备占生产用固定资产的构成率

×生产用固定资产构成率

2. 固定资产收入率分析

固定资产收入率，指的是固定资产的内部运转或者每百元的固定资产能带来的收益，反映企业在一定阶段内的经营收入和固定资产之间的关系，

通过比率可以了解他们的联系程度,计算公式为:

固定资产收入率＝销售收入÷固定资产平均总值(或固定资产平均净值)

3.固定资产变动情况分析

固定资产变动的主要分析对象是固定资产的内部组成变化、退废及增长情况,分析时采用五个固定资产相关的指标。

(1)固定资产增长率

固定资产增长率指的是企业在某一阶段固定资产的价值会提升,计算它和最初的价值之间的比率。计算公式为:

固定资产增长率＝[(期末固定资产总值—期初固定资产总值)

÷期初固定资产总值]×100％

(2)固定资产更新率

固定资产更新率指的是企业营运一定阶段后固定资产会更新,计算更新后的价值和最初固定资产价值之间的比率。计算公式为:

固定资产更新率＝(本期新增固定资产原值÷年初固定资产原值)×100％

(3)固定资产退废率

固定资产退废率指的是企业在一定阶段报废清理的固定资产和开始阶段固定资产的价值的比率。计算公式为:

固定资产退废率＝(本期退废的固定资产原值÷期初固定资产原值)×100％

(4)固定资产损失率

固定资产损失率是指企业在一定阶段内由于固定资产的损失所带来的经济损失和开始阶段固定资产的价值的比率。计算公式为:

固定资产损失率＝(本期盘亏、毁损固定资产价值÷期初固定资产原值)×100％

(5)固定资产净值率

固定资产净值率是指固定资产净值与固定资产原值的比率。计算公式为:

固定资产净值率(折余价值)＝(固定资产净值÷固定资产原值)×100％

第四章 利润表的分析

利润表主表分析的内容如图 4-1 所示。

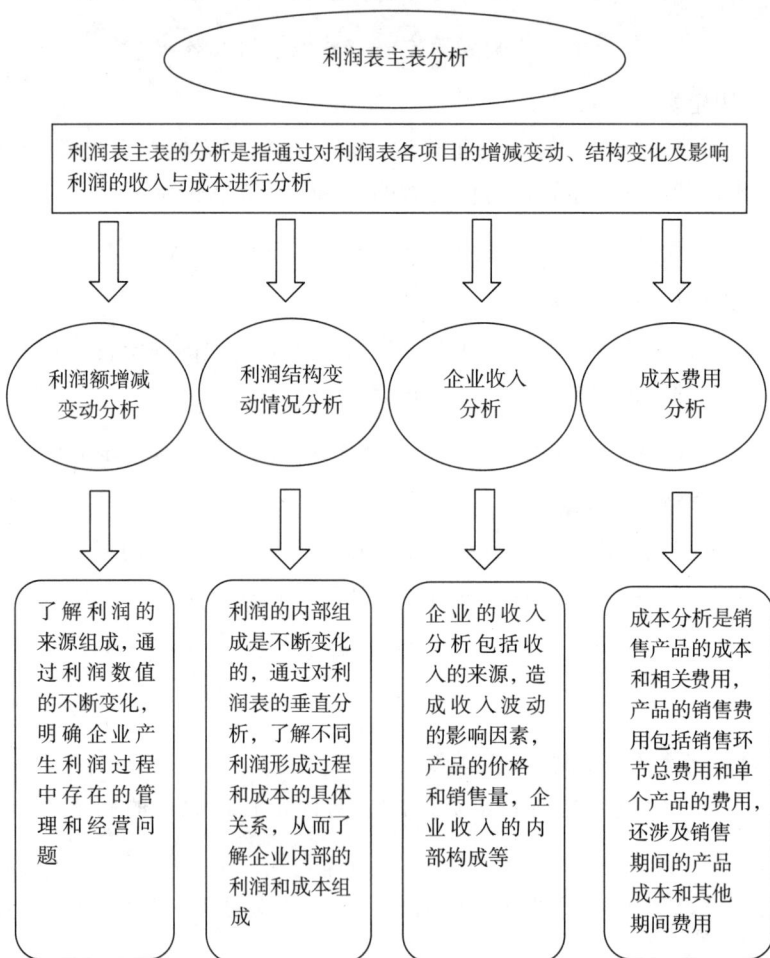

```
               ┌─────────────────────────────┐
               │        利润表主表分析         │
               └─────────────────────────────┘

┌──────────────────────────────────────────────────────────────┐
│ 利润表主表的分析是指通过对利润表各项目的增减变动、结构变化及影响 │
│ 利润的收入与成本进行分析                                         │
└──────────────────────────────────────────────────────────────┘
```

利润额增减变动分析	利润结构变动情况分析	企业收入分析	成本费用分析
了解利润的来源组成，通过利润数值的不断变化，明确企业产生利润过程中存在的管理和经营问题	利润的内部组成是不断变化的，通过对利润表的垂直分析，了解不同利润形成过程和成本的具体关系，从而了解企业内部的利润和成本组成	企业的收入分析包括收入的来源，造成收入波动的影响因素，产品的价格和销售量，企业收入的内部构成等	成本分析是销售产品的成本和相关费用，产品的销售费用包括销售环节总费用和单个产品的费用，还涉及销售期间的产品成本和其他期间费用

图 4-1 利润表主表分析

利润表附表的分析如图 4-2 所示。

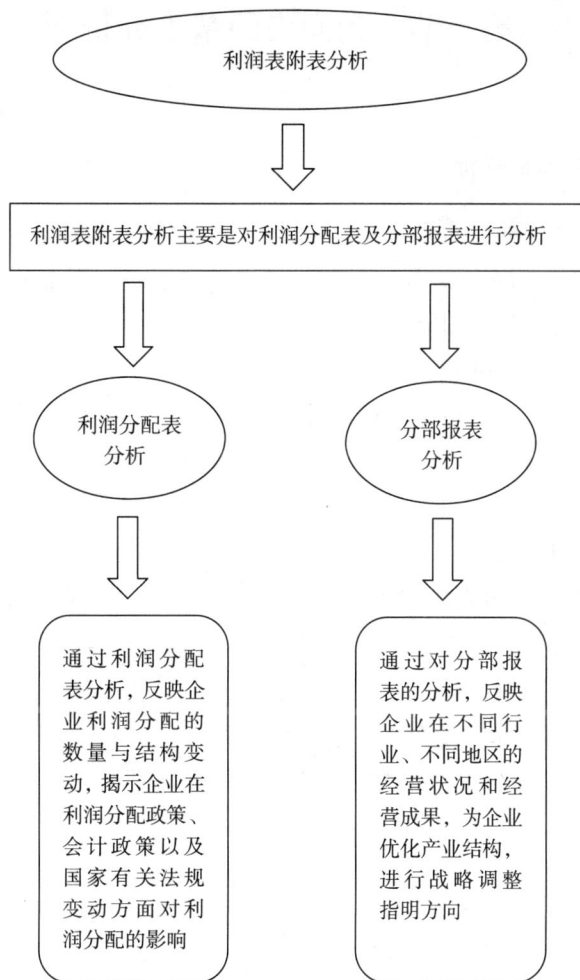

```
              ┌─────────────────────┐
              │     利润表附表分析      │
              └─────────────────────┘
                         │
                         ▼
┌────────────────────────────────────────────────┐
│   利润表附表分析主要是对利润分配表及分部报表进行分析    │
└────────────────────────────────────────────────┘
          │                        │
          ▼                        ▼
   ┌──────────┐            ┌──────────┐
   │ 利润分配表 │            │ 分部报表  │
   │   分析    │            │   分析    │
   └──────────┘            └──────────┘
          │                        │
          ▼                        ▼
  ┌────────────┐          ┌────────────┐
  │ 通过利润分配 │          │ 通过对分部报 │
  │ 表分析,反映企 │          │ 表的分析,反映 │
  │ 业利润分配的 │          │ 企业在不同行 │
  │ 数量与结构变 │          │ 业、不同地区的 │
  │ 动,揭示企业在 │          │ 经营状况和经 │
  │ 利润分配政策、│          │ 营成果,为企业 │
  │ 会计政策以及 │          │ 优化产业结构, │
  │ 国家有关法规 │          │ 进行战略调整 │
  │ 变动方面对利 │          │ 指明方向     │
  │ 润分配的影响 │          │            │
  └────────────┘          └────────────┘
```

图 4-2 利润表附表分析

此外还需要利润表附注分析。利润表附注分析涉及的方面是公司内部财务情况等详细的信息,了解利润表和附注表项目的变动情况,明确企业内部的利润构成以及发生变动的内部和外部原因。

上文针对利润表的分析主要是通过三个层面。只有从利润表中了解企业内部的财务状况,才能对企业整体的经营和管理进行准确地分析,针对企业的偿债部分,也要利用利润表的信息,因为企业获取利润和偿还债务的能力是紧密相连的。

第一节　利润表的基本分析

一、利润表主要项目分析

企业获取利润的能力可以从利润表中体现,资产负债表中会明确显示企业的内部资源,而企业最终的经营成果则反映了对于资源的利用效果,体现出企业对于资金的利用能力。

（一）营业收入的分析

收入要长期维持在稳定状态,首先需明确产品的定位和构成,明确产品的受众和分布区域,还可以通过行政的方式提升企业内部的经营活力,增加企业收入。

了解企业与关联方的合作情况,关联方的销售是某些企业获取收入的主要手段,企业要了解市场和非市场的各种因素,对于产品的价格和交易时间以及具体交易过程都要有明确的方案,才能保证企业收入的稳定。

（二）费用的质量分析

1. 明确费用产生之后和效益之间的关系

针对费用的管理,要有清楚的使用方案,明确必须使用的费用,比如常规损耗、人头费、企业营销费用,在此基础上尽可能地控制费用,当企业的业务增加,差旅和运输的费用就会增加,要扩大企业的影响力和规模,就必须投入广告费用和研发费用,还要对企业员工进行管理,发放相应的工资和福利。

2. 费用的分析重点

（1）营业成本:了解业务的变动,明确成本变动是否在正常范围。

（2）营业税金及附加:分析税金计算的过程和按时缴纳费用。

（3）销售费用:了解销售变化是否正常和产生的效用。

（4）管理费用:分析企业管理变化的合理性,是否达到高效的管理水平。

（5）财务费用:财务方面很大一部分是利息,涉及企业的贷款,以及贷款的时间和利率。分析利息变动的原因和效用,是否能按时还款,以及财务的安全性、企业资金的来源。

（6）所得税费用:分析所得税产生的费用是否符合国家规定,在时间上的分配和管理是否合理。

二、利润结构的质量分析

(一)利润表本身的质量

1. 关注毛利率走势

$$毛利率＝(营业收入－营业成本)÷营业收入$$

企业内部的财务状况要非常良好才能够有很高的毛利率,保持在行业内的平均水平之上,所以只有不断提升企业的核心竞争能力,才能在行业中处于领先地位。

如果企业的毛利率不断降低,说明企业的产品在市场上失去了竞争优势,而且同类型产品占据了市场,给企业的销售带来了很大的压力,如果企业的毛利率已经无法达到行业内的平均水平,说明企业内部的经营状况出现了很大的问题。

2. 企业的费用和生产经营是否处于同等水平

企业在经营管理过程中所产生的费用有一部分是固定的,另一部分是变化的,包含销售、管理等费用。

变动费用是跟随企业的经营状况而改变的。如果企业业务增加,那么随之提升的费用就是变动费用,而固定费用不跟随企业的经营变化而产生变化。

企业每年都会产生多种费用,但费用的总量应该和企业的经营状况是一致的,当企业的经营能力提升,业务增加,那么所产生的费用也就更多,但并不会超过经营的增长水平;如果企业面临市场大量的竞争,业务减少,但随之产生的费用并不一定会减少,因为在竞争中会投入更多的资金,所以针对企业每年的费用分析,要考虑多种不同的因素,是否处于正常范围内。

3. 利得、损失、所得税费用项目

"资产减值损失"项目可以了解企业内部各项资产的具体变化,主要是对损失的发生进行分析。"公允价值变动净收益"项目可以了解企业在严格的规定下计算损失的资产时,当具体交易性的金融资产的价值发生改变,就要根据改变后造成的损失进行分析,可以用"－"号来表明是否属于净损失。"投资净收益"项目可以体现企业对外投资而获取的利益,属于投资收益的范围之中,可以用"－"号来表明是否属于净损失。

"营业外收入"项目主要指的是不属于企业主体经营活动而获得的收

入,企业的收入不仅仅是经营活动所带来的,有部分收入与企业经营的关系比较弱,比如在处理企业固定资产所获得的利益,或者资产交换、债务重新变更、政府补贴;有部分收入按照规定无法计算为营业收入,比如应付租金、捐赠资金等。

"营业外支出"项目所涉及的资金与企业经营活动的关系不大,企业在支出资金时,有部分资金是用于非营业活动的,但这部分支出对于企业的发展也至关重要,比如在处理固定资产时的正常损失、资产交换时的损失、变更债务结构、受到处罚、捐赠的资金等。

"所得税费用"项目指的是企业按照相应的规则,明确企业的具体利润之后,要计算相应的所得税费用。

(二)关注营业利润与投资收益各自带来现金流量的能力

1. 营业利润带来现金流量的能力

判断经营收入的现金含量,通过销售直接获取的现金流来计算。

销售收现率=销售商品和提供劳务收到的现金÷营业收入

通过这个指标可以了解企业收入的水平如何,通常来说,收现率越高,获取收入的能力也越高,如果数据比 1 小,说明企业的收入体现在现金上还有一部分缺失;如果数据比 1 大,说明企业的收入都获取了相应的现金,而且也收到了应收或预收的资金。当经营的收入增加,收现率提升,说明企业无论是在经营还是管理方面的水平都很高,如果这两个数据都变低,说明企业的内部管理和经营出现了矛盾的地方。

2. 投资收益带来现金流量的能力

股权投资收益:股权投资收益当年获取的现金[年内现金回款(取得股利所收到的现金)+应收股利的(年末数-年初数)]与当年的股权投资收益相比。

三、企业利润恶化的征兆

1. 企业扩张过快所覆盖的领域越多,会对经营和管理带来更大的风险,需要压缩酌量性成本。企业的管理层在确定研发和宣传等费用时,可以改变整体的策略来减少成本,或者将时间延后,可以保证当前阶段的利润稳定。

2. 企业的财务政策和会计预计会发生改变。企业在正常的管理中应该尽量保持稳定,不能随意更改,一旦出现这种情况,可能是为了保持利润数据。

3. 应收账款突然增加,时间期限延长,表明企业在资金支付方面存在问题,通过放松信用政策可以提升企业的收益,但企业资产本身的价值出现波动。

4. 企业存货流动变慢。说明企业的存货超过了正常的范围,对于销售影响很大。

5. 企业无形资产突然提升。说明企业将费用转化为资本。

6. 企业的经营很大部分不是主体业务。说明企业在经营过程中的规划不长远,盈利的稳定性难以维持,准备不充分,通过利润进行调节,后面会带来很大的麻烦。

7. 有一些不常见的情况,但仍然需要注意,企业支付销售和管理的费用突然降低,当业务量增加,反而会出现下降的情况。企业的债务太高,内部资金压力过大,难以支付相关费用。企业的利润很高,却没有通过现金和股份进行分配。企业现金流在稳定经营中处于负数,利润和现金流之间的负关系,使投资和现金流出现脱离,致使利润中的现金流不高。

第二节 企业盈利持续性标准

将公司定义为"具备长期获利潜力、财务运行正常的"条件有哪些?结合目前公布的有关标准,一家上市公司一定要符合下述基本要求。

净利润方面,近 3 年利润呈现稳步上升趋势,同时累计净利润至少为 3000 万,净利润不考虑非经常性损益,即剔除非经常性损益作为运算根据。

日常经营中出现的现金流净额或营收额方面,近 3 年运营中形成的现金流累计至少为 5000 万,或近 3 个会计年度的营收额累计不少于 3 亿元。

长期盈利水平方面,不能出现以下会影响长期盈利的事件:其运营方式、产品或服务种类构成等出现或即将出现巨大改变,可能威胁自身的长期健康发展;其所处领域的综合影响力和经济形势等出现或即将出现巨大改变,可能威胁自身的长期健康发展;其近期任意会计年度的营收额或纯利润对利益相关者的依赖程度很高;其近期任意会计年度的纯利润重点源于无法合并财务报表的投资所得;其用到的包括专利在内的相关资产和科技的获取和应用有很多潜在风险。

一、员工发展的可持续性

(一)员工素质提升的可持续性

员工必须树立终身学习的意识和能力，这样才能更好地保障公司的长期持续发展，可以探究公司的员工培训支出、科研工作者占比和职员文化水平等状况。

1. 培训费用投入

公司在盈利的前提下需要关注员工的成长培训支出、时长和周期等问题。培训开支在营收额中的占比和公司的纯利润的增加有没有正向变化、人均学习支出和时长有没有维持较长时间等。当公司完全将员工的个人成长考虑在内，就会出现正向变化、学习时间和支出不断增加的情况。

2. 科研人员比例

科研人员比例，也就是科研工作者在职工总人数的占比，体现公司在优秀人力资源上的重视程度和对科技创新的支持力度，占比往往与技术研发水平、未来发展活力和公司的持续盈利呈正相关。国内外相关研究发现，公司科研工作者的占比越小，其自身的科技研究实力越弱，不利于公司的长期健康发展。

3. 员工的受教育程度

可以利用专科及以上学历的员工在总数中的占比，来探究公司员工构成能否有利于公司的长期健康发展，有没有充足的人力资源保障；也可以结合人均受教育水平确定公司员工的整体素养和人力资本质量。人均受教育程度越高，公司员工的整体素养越强，也具有更高的人力资本质量，进而有效激发公司人力资源的创新活力。

(二)员工利益发展的可持续性

普通员工是公司内部最基础、最核心的组成部分，与公司的利益和命运紧密相连，具体不妨结合下述指标开展综合探究。

1. 员工收入水平

员工的平均工资涨幅和公司的纯利润有无相关性。在公司纯利润上升的状态中，员工薪资同样需要对等规模的增加。公司是否创建体系保护员工的合法工作权益，通过合同条例等使员工和公司双方都能满意工资额度，同时创建多样化的奖励、补贴和激励体系。

2. 工作环境及制度

首先是公司在安全生产方面一定要投入的资金量，能不能保障员工工作的安全性和健康性,有没有相关御寒防潮等配套装置;另外,工作体系是否完备,能不能保证员工们的轮休交替;再就是在员工加班或请假等方面有没有实行人性管理,给予相应的加班补贴或理解请假等事宜。

3. 员工福利待遇

公司需要尽可能从整体出发,保障尽可能多的员工福利,增加他们的工作幸福度和满意度,结合工龄提供差异化层级的带薪休假机会。社保上,公司必须要对每名员工负责并交纳足额的社保金,结合公司的实际运营和员工的现实需要,筹划和推出更为科学并具针对性的补充保险机制等。

二、核心技术发展的可持续性

(一)核心技术拥有状况

核心科技优势关乎公司运营相关的系列质量、素养和功能作用等,举个例子,格力的制冷科技等,直接决定了企业能否实现自身的长期健康发展,借助公司的科技储备数和专利申报数等建立起又深又宽的护城河,成为行业的龙头和领头羊。

1. 技术储备数量

技术储备质量表示未能得到国家知识产权局和相关技术专家认可的,还不完全成熟的科技。能够看出公司防范科技风险以使自身长期处于市场核心地位,维持良好的竞争优势的水平。当所在公司对科研投入越重视,对新产品和科技的研发速度就会越快,以更好地超越已有的技术水平,赶超市场同行竞争者推出优势产品,维持市场核心竞争力。而没有良好的科技实力,就无法使自己处于行业前沿地位,进而逐步丧失自身的竞争力。

2. 专利和专有技术

专利和专有技术表示公司目前被国家认可的专利数目和公司核心科技的总数。意味着公司拥有市场的长期竞争力的可能性。对该指标的判断需要达到下列条件:首先是专利和核心科技的拥有率,即公司目前的专利数在同行业专利总数目中的占比,以此分析公司在这项科技行业中的地位和研发实力;再就是科技的特殊性、难度和领先水平,它往往只能借助定性的方法予以评估,并会征求多方学者专家建议。科技的创新性越高、越前沿、难度越大,那么公司掌握的市场核心竞争力就越强,能够更早抢占产品市场,进而打造自身的核心竞争实力。

(二)核心设备的拥有状况

核心设备,即能反映公司核心或者行业前沿科技、生产核心产品的装置,在很大程度上决定了公司是否有长期盈利的可能性。一般需要结合下述指标予以评估。

1. 生产设备成新率

生产设备成新率即生产装置净值在原值中的占比,在公司折旧机制相对持续和科学的前提下,生产装置的成新率也间接体现公司核心装置的新旧度和前沿性,装置太落后难以有效增强和树立自身的核心竞争力。

2. 核心生产设备比例

核心生产设备比例即制造核心产品的生产装置的净值在总固定资产净值中的占比,能够间接体现公司核心生产装置规模的合理性,也属于公司生产核心产品的最基本的物质前提。

3. 生产设备更新率

生产设备更新率即公司的本期新增生产装置原值在起初生产装置净值中的占比,体现了公司生产装置的更新周期和科技含量,尽量不要与同行业的更新速度相差太多。

(三)科研开发及创新能力分析

科技研发优势能够体现公司在科技竞争上的潜在实力。需要密切跟踪公司研发支出的长期投入计划,需要结合下述指标等开展综合评估。

1. 研发费用率及增长率

研发费用率即公司研发费用在销售收入中的占比,研发支出的资金是公司能否占据市场前沿和长期创新的关键物质前提。虽然研发支出和核心竞争力两者没有明显的相关性,我们在评估公司核心竞争力时依然会重点关注这一指标。有关调查发现,具备竞争力公司的研发支出率至少为5%;能够正常运营的在3%,一定会走向失败的在该处的支出占比往往不够1%。现阶段,中国公司在科研上的投入意识整体较差,不少公司完全没有考虑自身的长期利益,就算将总资金的20%投入广告等营销费用上,都不想在科研上有5%的付出,这一现象在医药企业中表现更为突出。

2. 反映企业技术创新的指标

科技创新对于公司核心竞争力的塑造具有重要价值。除了能够预测公司核心竞争力的长期发展变化,还能间接督促公司从长远利益出发进行各项投资活动。需要重点关注科技工作者在总职工中的占比,以及研发者在科技工作者中的占比和研发者薪资在所有企业人员薪资中的占比。不过,公司的技术创新性不完全依赖于科研投入资金量,同时也和社会经济转型和消费者的市场需求变化紧密相关,企业应谋求占据市场领先地位。

3. 研发设备比重

研发设备比重即设备预期未来几年装置数在总设备中的占比,可借此分析公司科技装备的技术含量和对前沿装置的重视程度。

三、对社会的贡献状况

(一)岗位贡献率

公司规格直接决定了其能够提供的就业机会。所以,探究公司的岗位贡献率是很有必要的,也就是考察员工总数在净资产中的占比。举个例子,如果员工总数都是 4 万人,而一个公司净资产达 5000 亿,另一个达 4000 亿,那么这两个公司的社会贡献率肯定不能相提并论。其他条件不变,净资产越少的公司社会贡献率更高,公司凭借自身资源实现的社会效益更强。

(二)纳税贡献率

$$纳税贡献率＝纳税总额÷净资产$$

大公司需要兼顾经济和社会效益,通常也会将缴税额视作对公司社会贡献程度的标准之一,评估公司的社会贡献率时,需要重点关注其纳税综合情况等,使公司在无形中规避与税务相关的各种风险。

(三)慈善捐赠率

$$慈善捐赠率＝捐赠额÷净资产$$

捐赠并不是被迫、有偿的活动,一般将慈善捐赠视为公司对社会的一种感恩回馈,这种行为可以适当地弥补政府有限的财力资源而引发的救助金缺乏的情况,能够很好提升社会救助的综合影响力,使更多的人能够得到及时帮助,减少由于救助不及时或政府有心无财而引发的社会悲剧,帮助政府更好地服务社会,体现了公司的社会责任感。

(四)社区公益事业

公司或者个体都是社会的一部分。帮扶困难人群,开展多样化全方位的公益救助行动,可以有效提升公司的社会影响力和认可度,实现其自身的长期健康发展。同时,尽管公司的主要目的在于盈利,也需要同时兼顾经济和社会效益,献身公益活动,加强基础设施建设,积极回应群众在教育、医疗、养老等重点领域的相关问题,减少贫富差距引发的社会冲突,努力创造更多的就业岗位,增加科研投入,推动整个社会朝着更加科学、高效、文明的方向发展。

四、判断企业盈利能力的标准

一般将公司的盈利能力代指其现在能够实现营收的能力。从统计学的角度看,假设投资人可以得到之前某个时间段公司的实际运营信息,他们就能较为精准地评估出公司的盈利水平。需要关注的是,某个时间段的平均盈利往往会比某个时间节点上的盈利情况更加科学。

(一)盈利能力的指标

不少沿用旧式财务模式的公司在呈现财务数据时,往往会注明净利润等信息,可是现实工作中,不少数值的价值远远超过了利润总额。部分通用指标如下。

1. 主营业务毛利率＝(主营业务收入净额－主营业务成本)÷主营业务收入净额

主营业务毛利率指标展示了主营业务对收益贡献的大小。

2. 主营业务利润率＝净利润÷主营业务收入净额

呈现主营业务收入获得纯利润的水平,数值越低,意味着公司销售单位产品能够获得的纯利润值越低。

3. 成本费用利润率＝净利润÷(主营业务成本＋销售费用＋管理费用＋财务费用)

该指标体现公司单位投入的支出,可以实现的纯利润额。如果产品投入消耗是相同的,当售出的产品较多,或者销售量固定时,而成本开支等相对较少,指标也会增加。而且,一般希望该指标值越大越好,意味着公司单位投入获得的利润额也越高。

4. 总资产利润率＝利润总额÷平均资产总额

这项指标呈现出公司所有资产可以盈利的实力水平,借此还能看出公司资产的整体使用情况。其数值越低,意味着资产使用效率越低,公司的整体盈利水平越弱,运营管理能力越低,所以一般希望该项指标越高越好。

5. 净资产收益率＝利润总额÷平均股东权益

该指标反映了所有者单位投资可以实现的纯收益量。

通过上述指标能够很好地把握公司的盈利情况,公司运营的最大目的即盈利,因此上述指标值一般而言都希望不要太低。需要重视的是,一定要把本公司的财务报表和同领域竞争者及同期业绩等综合对比,确保数据的全面性和科学性。

与行业竞争者对比,上述指标和其他公司的差距也需要关注。假设公司持续滞后,无疑会引发很多潜在财务问题,但也要和多期进行认真对比,不能只看这一年的变化,因为部分公司管理层可能想更加真实和全面地掌握公司所有的潜在财务问题,所以即使当期落后于同行竞争者,也能在最快时间发现并处理好问题,以乘胜追击。上述背景下,财务报表一般就会出现计提或准备金额的巨幅上升;而假设已经远远超过了同行竞争者,就需要仔细分辨引发上述改变的原因。通常而言,某个领域,特别是传统领域内的不少公司历经无数坎坷磨难后,一般的相关利润指标没有很大出入。但为确保财务报表的账面真实性,就必须有一个或多个对比对象。

(二)盈利的结构和关联交易

部分公司的利润变化有时会很大,因为公司的主要目的在于盈利,同样需要关注公司的利润构成,重点强调主营业务比率等在内的相关指标。主营业务比率这一指标相对常见;非经常性损益比率通俗讲即有没有高频次交易如出售厂房等,进而实现盈利的情况。损失和收益加在一起即为损益,比较花钱购置同样的厂房土地等来看公司的盈亏情况如何。例如,某公司每月利润为 100 万元,购买现在的这些厂房花费 1000 万,今年公司把这些厂房卖了 2000 万,则该企业在厂房买卖上净赚 1000 万,企业可能每月都会有 100 万的利润,并非短期的,第二年、第三年……依然每月可能会有 100 万,但是卖房的 1000 万收入却不会再有了。

如果能够掌握上述原理,接着探究这两项指标就相对简单了。主营业务比率通常用于表示主营业务利润在总利润中的占比,表明在公司的利润结构里,经常性主营业务利润的占比情况。公司一般而言需要不断强化和创新主营业务内容和形式,以实现自身的长期健康发展。同时,该项值越大,意味着公司实现盈利的潜力很大,不会有太大变动,未来的确定性比较高。而非经常性损益比率即当年非经常性损益在总利润中的占比,体现了公司通过投资收益等活动获取利润的状况,一般对之后年度的贡献值不大,也无法持续,所以很难被用于推测公司预期的获利状况,一般希望该项指标越小越好。

关联交易业务额在纯利润中的占比即关联交易比例,能够看出关联公司间的交易额在全部利润额中的占比情况。关联公司间相关交易活动往往会产生较少的延续性和公平性,所以一般希望这一数值越小越好,这样企业才能更好打造自己的核心竞争力。财务信息需求者需要高度关注报表上的相关数据,防范可能会出现的现实问题。

(三)其他影响盈利的重要因素

财务报表中诸如存货在内的相关指标并非完全意义上表示利润的指标,不过依然能够影响公司的盈利水平。企业一般会借助应收账款等在内的相关指标平衡利润和资产间的关系。存货的变现可能性往往较低,既可能包括诸如旧式服装等在内的低价产品,也包括部分类似于葡萄酒在内的年代越久越有价值的商品。应收账款要么收回的可能性忽略不计,要么对方公司本身就没有还款的意愿。折旧同时具有被高估或低估的潜力,例如,部分机器的使用年限只有2年,但是为使利润率虚高,部分企业往往就倾向于花费6—10年的时间折旧,如果购买的古董文物,价值还会随着时间的延长相应增值,不过在财务报表上会以摊销折旧的方式予以处理。所以,上述指标隐藏的现实意义也应该重视。

同时,营业收益质量等也需要引起关注。现实的业务交易里避免不了赊账。一般只有把现金掌握在自己手上才会安心。所以,最后公司得到的现金及一般等价物等直接影响公司利润的质量。日常运营中形成的现金净流量在主营业务收入中的占比即为主营业务现金比率,运营中形成的现金净流量在净利润中的占比即为营业收益质量。主营业务现金比率是对利润率的进一步深入,能够呈现使商品售出变现的能力(不考虑无法收回的坏账费用)。营业收益质量则反映利润里有多少通过现金的方式呈现,一般数值越大,利润质量越高,所以一般也希望上述指标尽可能高。

五、"持续盈利能力"之辨析

(一)持续盈利能力作为企业发行和上市的法定条件

作为上市条件评判之一,如果上市监管部门在工作中对此项评价过于倚重,很容易引发行政裁量权的争议并出现系列寻租问题,不过一旦主观否定掉连续盈利能力评估在资本配置中的作用,也很难保持逻辑和现实工作的统一。笔者认为,我们需要做的就是把发行和上市标准划清界限,前者用持续经营取代持续盈利,剩下的兜底要求不做大的改变。把拥有长期盈利能力视作上市及后续发展的标准,同时给予其一定的决策权力。长期获利能力和数据挖掘、合法性及相关性,有没有长期盈利能力是企业信息公开的关键内容。

(二)持续盈利能力是判断企业投资价值的核心要素

投资方一般会将注意力放在哪些资料上呢?结合估值原理,所有企业的项目价值是他们评估未来现金流的风险折现值。其间,还要考虑盈利的长期性和系列潜在问题。所以,必须在数据公开核查中重点关注企业的长期盈利能力和风险因素,以使投资人更加全面地掌握公司相关资料,进而做出最优决策。

例如,2010 年 1 月底,美国特斯拉公司就向证监会请求公开募股,在反复的协商和讨论后,同年 6 月底,证监会同意其申请,招股书里有关风险因素等重点章节高达三四十页,公开的信息在总文中有 196 页,要是还算公司业务那一章,以长期获利能力和系列问题为主题的内容将达到 60%。在 5 个多月的修订过程中,就很容易感受到美国对注册制审核工作的严谨和苛刻。

六、上市公司利润操纵辨析

企业财务会计报告是一个综合的以书面形式呈现的文件,它能够将企业在一段时间内的经营状况、财务水平以及现金流量情况等真实地反映出来。因此,有意向的投资者、政府、债权人等都希望企业能够提供真实有效反映企业实际情况的报告,但实际情况是,一些上市公司管理层为了能使自己利益最大化,故意对会计报表进行修饰,通过各种各样的方法对利润进行修改。

(一)收入的实现与确认

在确认收入时,需要确认两个关键,即时间点和量。时间点是指收入进到公司账户上的时间,比如在销售商品时,确认收入是在销售过程当中,还是在销售结束之后;量的确认则是指按照总额法还是净额法对金额进行记录。我国相关制度在确认利息和使用费收入方面提出了清晰的要求,也就是利息收入应该根据相关的时间和利率进行确定,而使用费收入应该根据合同规定的时间和途径来进行计算。

(二)重大会计差错

重大会计差错是指公司企业发现的使公布的会计报表不再具有可靠性的会计差错。《企业会计准则》规定:"重大会计差错一般是指金额比较大,通常某项交易或事项的金额占该类交易或事项的金额 10% 及以上,则认为金额比较大。"这个判断的标准实际上是从各类交易或事项的角度出发进行考虑的。这种划分不足的地方是指标不够明确,对于检验会计报表及其附注信息的可靠性和相关性没有一致性标准,不利于企业制定正确的经营决策和经营目标。目前重大会计事项的辨析标准一般是依据法律或国家统一的会计制度等行政法规，规章所不允许的会计政策及会计估计错误，不论其涉及金额的大小，均应作为重大会计差错处理。重大会计差错和非重大会计差错的区别在于：重大会计差错是指企业公布的会计报表不具有真实性、可靠性的会计差错，一般指金额比较大，通常某项交易或事项的金额占该类交易或事项的金额 10% 及以上；非重大会计差错一般是指金额比较小，通常某项交易或事项的金额占该类交易或事项的金额 10% 以下，则认为金额比较小。

（三）关联方交易

关联方交易是指交易目的的实质是为了粉饰报表、逃避税收、转移经济利益等。关联方交易通常会损害国家、上市公司股东的经济利益，同时还扰乱市场经济秩序。我国在这方面拥有非常严格的要求，当交易双方为上市公司和关联方时，如果不能提供有力的证明表明协商一致的交易价格满足公允性要求时，对于能够证明公允性的内容就被当作是关联方向上市公司捐献的部分纳入资本中，并且针对此次设置关联交易差价便于后期开展相关的计算。

（四）合并会计报表

《企业会计准则》中规定合并会计报表为："企业对外投资如占被投资企业资本总额半数以上，或者实质上拥有被投资企业控制权的，应当编制合并会计报表"。此准则明确指出了必须编制合并会计报表的要求。《股份制试点企业会计制度》第 70 条规定："企业对其他企业的投资如占该企业资金总额半数以上的，应编制合并会计报表。"可见，《企业会计准则》关于编制合并报表条件的规定比《股份制试点企业会计制度》有关规定更为全面和严格。按照相关的规定，某一公司只要在我国国内开设，并且子公司数目达到一个及以上就应该制定合并会计报表，将该公司本身和所有子公司开展各项经营活动所带来的财务状况、营业业绩以及波动情况等展现出来。有的上市公司故意不向外界公开子公司具体的情况来对会计报表进行修饰，呈现更加美观的数据。

（五）非经常性损益

非经常性损益是指公司发生的与经营业务无直接关系，以及虽与经营业务相关，但由于其性质、金额或发生频率，影响了真实、公允地反映公司正常盈利能力的各项收入、支出。2001 年，中国证券监督管理委员会在《公开发行证券的公司信息披露规范问答第 1 号——非经营性损益》中特别指出，注册会计师应单独对非经常性损益项目予以充分关注，对公司在财务报告附注中所披露的非经营性损益的真实性、准确性与完整性进行核实。这个方面包括很多内容,比如公司的固定资产、正在进行的项目工程、政府所给予的各种补助、无形资产、时间较长的资产所带来的损失和收益、能够凸显公允性的交易而带来的突破公允价值的损失和收益等。有的上市公司没有严格遵守上面的规定对公司相关的数据进行公开。

例如,根据＊＊城投公布的年报,可以知道,该公司在 2014 年 10 月进行了股权转移活动,但是经过核实,该公司并没有将其纳入非经常性损益当中。又比如,＊＊仓储股份公司在 2014 年获得了 3500 万元的利润,与上一年相比,增长率达到了 16.28％,将其中非经常性损益计入其中扣除之后,利润增长率只有 10.12％,与上一年相比降低了不少。＊振企业在 2015 年所获得的净利润从账面上来看和上年同一时期相比,增长率达到了 13.8％,但将股权转让以及政府给予的各种各样的补助等非经常性损益计入其中扣除之后,再与上年相比,该公司净利润减少了 43％以上。

（六）固定资产变更折旧方式

企业所选择的固定资产变更折旧的方式对于该企业核算各项成本以及开展营业活动所带来的损失和收益等带来了非常重要的影响。在对折旧产生影响的各个因素当中,折旧之前的数值、固定资产残存的价值这两个因素相对来说是比较容易获得的,但是很难准确掌握固定资产的使用年限。因为在固定资产折旧上,除了可以看到的磨损以外,还有一些看不见的损耗,而且不同的企业、不同的行业,资产设备的受损情况也有所差异,因此,企业在选择固定资产折旧方式的时候,可以有充分的理由进行自由选择和变更,同时更改折旧方式。这会对会计利润带来影响,但是却不会波及应税利润,需要辨别属于会计政策变更还是会计估计变更。

第三节　利润质量分析

利润质量指的是企业获取利润的整个过程以及获取利润是否符合规定、是否符合公允性要求以及效益性。利润质量高的企业所表现出来的应该是在资产运作方面状况较佳,企业所开展的业务在市场上有很大的发展空间,企业在偿还债务、税务缴纳、现金支出等方面都有较强的能力。企业利润质量好,能够给企业长期的发展打下坚实的基础。相反,如果企业利润的质量低下,则说明该企业资产运转出现问题,在偿还债务以及现金支出等方面能力很差,甚至会影响到企业的存活。

一、利润影响因素分析

(一)会计处理基础分析

由于权责发生制的存在,使得公司获得的利润以及各项经营活动带来的现金流量存在一定的不同。会计在进行相关核算工作时是以权责发生制为基础的。权责发生制在确认时间的时候,并不是依据实际支出现金和收取现金的时间点,而是依据支出和获得的现金归属时间点作为计算节点。虽然企业账面上的货币数字一直保持在较好的状态,但是如果用于偿还债务的资产很多,现金在长时间内处于缺乏状态,就会给公司带来财务危机,甚至还会出现无法维系的可能。

(二)盈余管理分析

所谓盈余管理,即企业管理者出于个人利益(薪酬、所任职务)以及企业利益(上市、降低纳税额)等,在遵守相关制度和会计准则的前提下,选取合适的会计政策,使企业所获利润最大化。无论是面对会计准则,还是相关制度,企业都具有进行自主选择的权限,所以盈余管理也是可以实现的。盈余管理是建立在自由选择会计政策基础上的,同时要遵守和会计相关的法律以及准则,不断调整需要进行会计核算的一些项目,可以采用更改固定资产折旧处理的办法以及对存货进行不同计价的办法,这样就能优化企业经营管理的成绩以及企业的财务状态,因此,利润的质量也跟着变化。

(三)企业委托代理关系分析

处于现代企业制度之下,因为有委托代理现象,且信息不是完全对称的,企业经营者甚至出于一己私利,会用盈余管理的办法蒙蔽委托人,损害他们的利益。所以,委托者应辨析企业所获利润质量的优劣,看清事情真相,在此基础上再进行决策,获取真实的会计数据,使决策更加科学、更加合理。

总的来看,因为权责发生制、盈余管理以及委托代理等条件的限制,账目所记载的利润额对决策产生的影响大不如前,可能会误导决策,导致决策不合理,一定要做好和利润质量相关的分析工作。

二、利润的构成、稳定性以及变现性分析

(一)利润的构成

从结构上看,利润不是单层次的,依据 2014 年财政部印发修订的《会计

准则第 30 号——财务报表列报》,企业利润主要由三个主要部分构成,其一是营业利润,其二是投资净收益,其三是非流动资产处置净收益。通常意义上,前两个部分都是营业收益,最后一部分是非营业收益。所谓营业利润,即公司积极进行营业活动获得的利润,将企业经营管理所获收入和营业成本、部门管理花费、财务支出等进行配比,得到的就是营业利润。企业的营业利润是净利润的重要来源,是平时的经营活动中积累的,因此具备持续性以及重复性等特征,这也是企业具备的经营管理实力的一种体现。企业依靠营业利润才能长远发展,营业利润的总量代表着企业获取利润的能力及企业参与市场竞争的实力,所以这项指标也可以用来衡量企业的利润质量,使用会计信息的人可以以此为依据判断一家公司的利润质量,长时期地观察这一指标,能够预测一家公司的发展潜力。在利润总额中,营业利润所占的比例越大,就表明公司获得利润的时间可以延长,所获利润的质量也更好,如果情况相反,则表明所获利润的质量比较差。一般情况下,投资净利润既可以是持续性的,也可以不具备持久性。一旦出现投资所获利润在数个会计期间都少于这一时期通过银行存款获得的利润,就要对这一阶段进行的投资进行反思,重点是这种投资是否合理有效。通过非流动资产处置获得的净收益不具有持续性,是一种偶然获得的利润,因此它不具有保障性,更不会有规律的出现。通过偶然交易获取较高利润的企业,它的收益质量一般都不高,很难展示企业实际获得利润的能力。如果出现从其占据主导地位的利润增长点不能获得更多利润的情况,企业也会为了避免利润水平出现大的波动,进行一些临时性的偶然交易,这样就能补充通过营业、投资获取的利润。举例来说,企业可以将暂时不用的固定资产变卖进行利润补贴,也可以在开展主导业务之余,通过其他业务的开展获取短期的利润等。

(二)利润的稳定性

所谓利润的稳定性,即公司持续若干个会计年度所获利润变化不大且没有增长的趋势,这和公司的业务构成、商品自身的结构、所处行业发展周期都有很大的关系。企业要想获得长远发展,一方面要让利润水平尽可能稳定,另一方面要保持一个稳定的利润增长速度,判定利润质量的标准之一是企业能否真正获得实际的利润收入。虽然公司中的管理者能够综合利用一些办法改变短期利润,但这种做法不可能持续数个会计年度,使利润水平居高不下,甚至给公司带来大量的实际利润收入。因此可以依据两个指标来观察企业利润稳定与否。

1. 利润期限比率＝本年度利润额÷相关分析期年度平均利润额

该指标表明这一年度利润水平的变化幅度,通常来说如果变化幅度很大,表明利润不具有很好的稳定性,与之相适应,利润质量也不会很高,需要留意这种情况。通过这一指标,能够对企业所获利润是否稳定、发展前景是否良好等进行判断。

2. 现金流入量结构比率＝经营活动产生的现金流入量÷现金流入总量

现金流入总量由几个部分组成,包括经营、投资、筹资等活动中产生的现金流入量。企业在经营活动中产生的现金流量和在该活动中获得的利润联系非常紧密,后期企业如果要扩大规模,可以从这里得到有力的现金流量支持。无论是盈利能力还是盈利质量,都从特定的角度将企业所获利润的实际情况展示出来,且侧重点各有差异。盈利能力将重点放在企业具备的赚取利润的能力上,它是建立在权责发生制的基础之上的,通常以净利润和相关比率的比值进行衡量。盈利质量则表明,在权责发生制前提下的盈利确认能否带来一定的现金流入。盈利若能带来现金流入,则表明其质量好,盈利和现金流入的差值越小,说明盈利质量越高,因此要将关注的焦点放在企业获得的会计收入和因经营获得的现金流量的比较上。在经营活动中获得的现金流量可以将真实的企业业绩展示出来。在经营活动中,一家公司的盈利能力和现金流入比率之间应该呈正相关,现金流入比率数值越大,表明具有较强的获利实力,且所获利润十分稳定,通常质量也很高;现金流入比率数值越小,表示公司赚取利润的实力一般,主要通过投资和筹款盈利,并且这家公司不具备很好的财务基础,所获利润质量也很一般。

(三)利润的变现性

市场经济环境下,企业中的现金运转对于企业长远发展来说意义重大。处于发展较为稳定的时期,企业经营活动中的现金流通量和企业所获收益成正相关。如果企业有充足的现金,就能够适时补充生产所需材料、按时发放工资、及时解决债务并处理好股息问题,不然企业将无法进行正常而有序的经营活动,严重时可能会出现企业危机。现实情况下,企业在利润表中列出的一般为净利润指标,该指标反映了企业通过经营取得的成绩,科学地衡量企业通过经营取得的成绩,这项指标非常关键。但是,通过这项指标没办法知道企业现金支付能力的强弱,以及企业能否如期偿还债务。从利润表看,很多企业可能出现了亏损,然而现实中该企业不仅现金充足,维持着日常经营活动,还在积极进行对外的投资合作。这类现象的出现和利润表跟权责发生制应计基础有很大的关系,现金流量表则是在收付实现制的基础上产生的。

在财务管理中,现金管理的重要性越来越得到重视,无论是企业中的管理层,还是投资者等,甚至政府中的监管部门都会对企业现金管理进行不同程度的关注。建立在权责发生制以及会计分期的前提下,企业能确认其获得的净利润,即把某一个会计期间获得的收益和这一时期项目成本、开支等进行核算,所得结果就是公司经营所获利润。使用权责发生制还是收付实现制,二者是有差异的,利润数额与现金净流入不是一回事。要想真正获利,那么现金的净流入也必须变成现实的真金白银才行。因为利润具有现金保障的特点,所以这一特点可以用来对企业中的利润质量进行判断。主导性的指标是通过出售商品以及提供服务获得的收入与营业净收入的比值就是销售收现的比率。通过这项指标可以知道企业通过销售活动赚取利润的实力,可以判断一家企业产品销售的实际形势。如果比值大于1,表明企业能够很快地将应计现金流入变成现实的现金流入,说明收入的质量很高;如果情况相反,比值小于1,则表示有很多的应收款项,获取现金流入的能力较为一般。经营中的现金净流量和经营获得的现金(包括在经营中获得的净收入和尚未付现的开支)的比值就是经营中的现金营运指数,如果数值比1小,表示一些利润还没变成现金,仍然是以实物或者债权的形式存在。无论是实物还是债权,要面对的风险都超过了现金,所以尚未转换成现金的利润质量要比收现完成的利润质量差很多。由这里也能看出,实际营运中的资金总量变多了,在获取同样的利润的情况下,企业使用的营运资金增长了很多,与之相对应,表明企业这一时期的业绩不是很理性。

三、利润质量的评价方法

（一）不良资产剔除法

不良资产的概念,即包括等待摊销的费用、尚未处理的流动资产亏损、尚未处理的固定资产亏损、延迟递交的资产等具有虚拟特征的资产以及多年未收账款、积压亏损、投资亏损等具有亏损危机的资产项目。一旦不良资产的总额大于、等于净资产,或者不良资产增长的额度大于净利润增长的额度,这表示这一时期企业获得的利润质量不高。

（二）关联交易剔除法

把关联企业获得的营业收入以及利润等删去,探究企业盈利实力和关联企业的关联度。一旦对于关联企业具有过多的依赖性，要对关联交易中相关的定价政策予以重视，探究企业能不能通过不等价交易的办法和关联方开展合作，来获取更大的利润。

（三）异常利润剔除法

就是把从其他业务中获得的利润、投资获得的利润、补贴获得的收入等从企业总体的利润中减去，对企业所获利润是否稳定展开分析。所以，这里尤其应关注投资所获得的收益以及经营管理之余的收入。

（四）现金流量分析法

将来源于经营、投资活动中的现金流量依次和从主导性业务中获得的利润、经过投资获得的收益、净利润展开对比研究，对企业所获利润质量进行评价。通常情况下，一旦所获利润缺乏现金净流量，其质量都值得怀疑。

（五）信用政策及存货管理水平

静态地观察，如果信用政策十分宽松，并且进行存货投资的办法也比较稳定，就表明有很多的应收账款，实际的存货也造成了一定的资金占用，所以企业发展会出现很多的机会成本，同时坏账的风险也是很大的，表现在账面上，可能所获利润会虚增。此外，因为很多销售收入尚未转换成现金流入，所以账面记录的利润和实际的现金流量差值不断被拉大，也使得利润质量不断降低。反过来，如果信用政策十分严格，并且采取的存货投资办法也比较积极，那么利润的质量就不会受到影响。

动态地观察，如果这一阶段的应收账款以及用于存货的资金和此前此后的阶段不同，利润质量可能会出现变化。下列情况的出现会提醒我们关注这件事：没有很好地将信用政策以及存货管理办法落实，或者信用政策以及具体的存货管理办法出现了调整等。所以要想使企业所获利润变得更有质量，企业要结合自己的发展以及竞争的趋势，让信用政策以及进行存货管理的办法更加合理，依据实际情况及时做出调整。这也使得对企业管理能力的要求变高了。

第四节　营业成本和期间费用影响利润的分析

期间费用能说明企业费用规模、企业管控能力、企业内控程度、企业经营业绩，可以综合反映企业经营状况。

一、用利润表相关指标计算和分析方法

(一)盈利能力分析

$$成本费用利润率＝利润总额÷成本费用总额$$

考察企业成本费用与利润的关系,说明1元成本实现多少利润。

$$销售成本费用率＝成本费用总额÷销售收入$$

考察每1元销售收入耗费成本、费用多少。

(二)收益性分析

$$销售利润率＝产品销售利润÷产品销售收入$$

表明企业最终成果占销售成果的比重。与该指标类似的还有销售毛利率、边际贡献率等,销售毛利率反映了销售业务的成本盈利水平;边际贡献率反映产品本身的初步盈利水平。

另外,还有所得税税收负担率、营业收入费用率、营业利润占收入比率,以上这些比率,都是分析利润高低的指标。最好比照着财务账表上的数据,分析到底是哪项成本高了,是原料成本? 工资? 期间费用? 还是企业投入产出有问题,如废品损失率高、企业任务不饱满等。

二、成本费用利润率的分析

(一)成本费用利润率是成本费用利润的比率

成本费用利润率是利润总额与成本费用总额的比率,由于该指标反映了企业全部劳动投入取得多少利润,因此该指标是综合反映企业经济效益水平的最佳指标。成本费用率利润高说明企业以较少的劳动投入,创造出更多的利润,企业获利能力强,经济效益好。

$$
\begin{aligned}
成本费用利润率 &＝(利润总额÷成本费用总额)×100\% \\
&＝[利润总额÷(产品销售成本＋期间费用)]×100\% \\
&＝[(营业利润＋投资收益＋营业外收入－营业外支\\
&\quad\ 出)÷(销售成本＋销售费用＋管理费用＋财务\\
&\quad\ 费用)]×100\%
\end{aligned}
$$

可见,成本费用利润率的变动受两个基本因素(利润总额、成本费用总

额)、八个具体因素(营业利润、投资收益、营业外收入、营业外支出、销售成本、销售费用、管理费用、财务费用)的影响。

(二)核算实务中,企业一般用连环替代法对成本费用利润率进行因素分析

1. 利润总额变动影响

将利润总额的变动影响分解为营业利润的变动影响、投资收益的变动影响、营业外收入的变动影响、营业外支出的变动影响,这样计算分析能够点对点找出导致成本费用利润率的个体因素。

2. 成本费用总额变动影响

将成本费用的变动影响分解为产品销售成本的变动影响、产品销售费用的变动影响、管理费用的变动影响、财务费用的变动影响,因数分析能尽快发现产品成本和费用的哪一部分影响了企业的利润。

3. 其他各因素变动的分析同对成本费用利润率影响的分析方法一样

成本费用销售利润率指标的分子、分母口径一致,它能准确地反映生产经营中的成本效益水平;成本费用营业利润率能综合地反映企业各方面因素的影响。但是,由于这项指标的分子较分母口径要大,分子中的其他业务利润、投资收益和营业外收支等项目并不体现生产经营过程中劳动耗费的效益水平。所以,从成本效益分析来看,成本费用销售利润率比其他利润率指标的分析更有意义。

第五节　利润表不完美的分析

财政部于 2006 年发布新会计准则体系,利润表编制理念由收入费用观改变为资产负债观。作为中间指标存在的主营业务利润也被取消了,其他业务所获利润拆开并加入与营业有关的收入、成本、税金及附加项目等里面。如此资产减值损失不用放在管理开支以及营业外支出之中,可以被单独列出来。增加了公允价值变动项目,无论是联营企业还是合营企业,在投资中获得的收入都会被单独列出来。对于营业外支出来说,也会对非流动资产处置过程中的实际损失进行单独地说明,这样就同时拥有了完备的企业收益信息,一些信息就变得更清楚,其透明性也会提升。但是,因为没有关注收入结构以及资产结构所具有的联系,以至于混淆了生产性固定资产

和投资性房地产所获得的利润,使得信息的透明性大打折扣,也会降低会计信息本身之间的联系;此外,尽可能放大对营业利润计算的口径,没有分辨经营管理利润和投资利润,而且有的利润已经变成现实,有的利润尚未实现,这都增加了信息使用者对信息进行辨析的难度。

一、新利润表存在的缺陷

(一)与资产负债表之间的联系不是很紧密,不利于资产质量评价活动的开展

通过利润表可以对企业的营业收入、投资收益、公允价值变动收益等情况进行大致判断,但使用利润表中的会计信息对企业各项资产进行分析存在一定的局限性。利润表中没有包含投资性房地产收益以及投入资产与盈利来源的联系,从而不能将盈利收入结构和资产结构之间的关系梳理清楚,不能直接计算得到企业各项资产的盈利情况和资产质量,无法与资产分类信息结合分析得到企业的营运状况。

(二)主营业务利润的取消增加了企业基本获利能力评价的工作量

主营业务利润作为一项中间指标,可以反映企业的基本获利能力,结合其他数据可以分析得到企业经营收益变化的来源及未来盈利发展趋势。计算主营业务利润与主营业务收入在一段时间的变化情况,可以得到企业在现有市场上的占有比例,并预测其未来变化趋势。新版的利润表中取消了主营业务利润一项,这为分析企业基本获利能力带来了一定的困难。企业营业利润的稳定可以通过削减广告费和科研费用等支出费用实现,同样如果企业利润上升伴随着企业支出增加,其主营业务利润也有可能不变。但以上两种情况不能混为一谈,这是由于企业在某些方面支出的降低会对发展产生较大影响,未来盈利情况可能会产生较大波动。利润表由于缺失了主营业务利润等较为常用的计算指标,企业盈利可以粗略地通过计算收入与成本、税金及附加的差值得到,但新版利润表能够反映的企业运营状况信息减少,增加了使用者在进行企业基本获利能力评价的工作量,不便于企业运营情况分析。

(三)利润核算口径与现金流量表不一致,增加企业营业利润质量评价的难度

新版利润表没有对经营活动与其产生的影响进行区分,其反应的企业利润并未按照是否已实现进行区分。在进行企业运营情况分析时,除了企

业盈利总额，还需要明确各项利润的比例及其现金流情况。新利润表和现金流量表没有建立明确的钩稽关系，统计人员无法仅通过现金流量表来判断企业营业利润的质量，增加了企业营业评价的难度。一段时期内企业营业净利润如果按收付实现制进行计算，则等于现金流量表中企业经营的现金流量净额。在使用利润表和现金流量表时，需要保证前者的营业利润核算口径与后者的经营产生现金流量净额核算数值一致，才能根据两者数值便捷地得到经营活动利润的现金数额，这样就可以对企业利润质量进行评估。新版的利润表中，营业利润核算口径发生较大变化，企业经营利润所含的项目被分为投资收益、资产减值损失和公允价值变动收益等，使核算人员无法直接地比较利润表和现金流量表，从而增加了企业营业利润质量评价的难度。

(四)未区分已实现利润和未实现利润，不便于评价经营者的绩效

企业经营获得的已实现利润可以用来评判企业管理的运营现状，但在新版的利润表中，为了全面考虑企业运营风险和潜在收入等因素，企业营业利润并入了资产减值损失和公允价值变动收益两项。根据新表提供的信息，使用者无法直接区分企业运营利润的已实现部分和未实现部分，并且新加入的损失收益项与企业经营者的管理没有关系，因此新版的利润表不便于评价经营者的绩效。

二、改进建议

(一)增加单独反映投资性房地产收益的项目

"其他业务收入"和"其他业务成本"两项企业支出主要是用于表示企业处理业务时资产变化情况，目前利润表将与房地产相关的项目也并入这两项之中。为了更加清晰地反映投资性房地产业务的盈利情况，建议利润表可单独列出"投资性房地产收入"和"投资性房地产支出"两个科目。"投资性房地产收入"能够清楚地体现企业取得的利润中哪部分是由企业固定资产等、投资性房地产以及长期股权投资得到的。新增的两项能够使企业资产和收入之间关系更加清晰，帮助使用者正确评估企业资产质量。

(二)增加营业毛利这一中间指标

营业成本包括企业主营业务以及其他业务的经营成本，营业收入包括企业主营业务以及其他业务的收入，营业毛利指的是营业收入除去营业成本及营业税金及附加等企业运营中的支出项的部分。营业毛利作为企业营

业成本和营业收入的中间项,能够直接体现营业成本产生的影响,从一个角度体现了企业运营情况,因此建议新利润表增加该项数据。

（三）调整营业利润的核算口径

新利润表和现金流量表没有建立明确的钩稽关系,会计人员无法仅通过现金流量表来判断企业营业利润的质量,增加了企业营业评价的难度。因此建议调整营业收入项目,将其中的财务费用、资产减值损失、公允价值变动收益和投资收益项目等科目单独列出。调整之后的企业营业利润等于营业毛利与管理销售费用的差值,是企业营业得到的真实收益。另外使利润表中的营业利润核算口径与现金流量表中的经营产生现金流量净额核算口径一致,可以方便大家判断企业运营获利情况。

（四）增加经营利润这一中间指标

为了清楚展现企业收益不同组成部分以及企业经营费用的不同用途,建议新利润表增加经营利润这一中间指标。经营利润主要包括三个部分,分别是企业主营业务收益、投资性房地产收益以及通过长期股权投资等的利润。在计算经营利润时需要先将前面三项利润相加,再计算其与企业财务支出项。企业的财务支出不仅包括用于维持主营业务运营的部分,还包括能够为企业带来利润的房地产投资和长期股权投资等项目,所以这部分对应的财务支出可以与其带来的利润相抵消。经营利润是企业经营的一项主要指标,能够体现企业管理的质量,通过企业经营利润可以更加科学合理地评估企业在接下来一段时间的发展趋势。

（五）增加已实现利润这一中间指标

将企业利润中的已实现部分单独列出,能够方便对企业经营现状进行判断。已实现利润除了企业主营业务的收益部分,还包括其他投资产生的收益以及偶然所得部分,已实现利润部分是企业现阶段可以支配的收益所得,也是按照法律规定企业需要缴税的收益部分。

（六）在净利润项目下单独列示未实现利润

利润总额可以按照已实现部分和未实现部分进行划分,其中已实现利润需要缴税,未实现利润部分不需缴税。企业净利润是总利润除去所需缴纳税款的剩余部分,但在实际使用过程中容易与其他概念混淆,并且不合理的利润分配可能会导致企业资金流转出现问题。因此建议新利润表在净利润项目下单独列示未实现利润,这可以使企业利润结构更加清晰,为企业管理人员决策提供依据。

第五章 现金流量表的分析

现金流量表是反应一定时期内(如月度、季度或年度)企业经营活动、投资活动和筹资活动对其现金及现金等价物所产生影响的财务报表。现金流量表出现之前,描述企业在经营、投资与筹资过程中的现金流情况的是财务状况变动表或者资金流动状况表。美国会计准则委员会于1987年发布了第95号公告,规定以现金流量表取代财务状况变动表。这份公告可以体现资产负债表(Balance Sheet)及损益表(Income Statement/Profit and Loss Account)现金和现金等价物的影响作用,并且从企业经营和融资角度对现金流做出判断。

第一节 现金流量表的基础分析

一、现金流量表的意义及作用

现金流量表的基本结构与资产负债表和损益表是相似的,记录了企业在一段时间内的现金流转入转出情况,它在研究企业短期生存情况方面具有不可替代的作用,尤其可以方便地判断企业是否具有足够的偿债能力。企业的主要经营活动、投资活动和筹资活动等都需要现金流的支持,因此评估企业财务管理情况、业务盈利状况时,现金流量表可以提供更为科学有效的依据。

现金流量表是评判企业运营现状的一项重要依据。企业的内在资金流转问题会真实地体现在现金流量表上,如果企业在一段时间的营业收入不能满足支付股利与保持股本的要求,就必须通过贷款等途径来获取现金,以暂时维持企业运转。长远来说,若企业的现金流量表长期出现现金流量较少、企业负债率较高的情况,该公司很有可能面临严重的生存问题。

企业通过经营活动获得的现金流入是企业运营利润的一部分,使用者可以对现金流量表进行研究,得到企业在获取现金流量方面的能力,并按照一定规律对接下来一段时间内的现金流数值进行预估。企业盈利质量评价通常可以通过比较两个指标来进行分析,一个是按照收付实现制方法计算的现金流量,另一个是按照权责发生制计算的企业净利润。为了明确企业的某些投资活动和筹资活动的影响,我们首先需要明确其内在意义,企业参与的投资活动主要是通过付出一定资金来得到期望的利润,而筹资活动指的是企业基于资金状况筹融资的措施。计算这些活动在企业现金流量中的占比,并与企业净收益等结合分析,可以有效地评估企业投资活动和筹资活动的质量。

(一)弥补了资产负债信息量的不足

常用的会计报表,如资产负债表、损益表等对企业的资产负债收益信息提供了一定的依据,但是仍然存在不足之处。其中资产负债表提供了资产、负债和所有者权益的期末余额数据,损益表是提供收入、费用和利润的本期累计发生额,但是这两种报表并未提供资产、负债、所有者权益的发生额数据。一个周期内的发生额缺失,仅利用净增加额难以对会计要素的变化进行合理的解释,因此现金流量表的利用,能够弥补资产负债信息的不足。

资产负债表在计算现金时,需要将负债与所有者权益的和减去非现金资产,也就是说现金主要会受到三个方面的影响,其中负债部分、所有者权益部分和现金的数值是同向变化的,非现金资产部分和现金的数值是反向变化的。上述现金计算方法是通过资产、负债和所有者权益等间接计算得到的,现金流量表中的数值是增减发生额或本期净增加额。因此现金流量表对于会计信息的补充,能够使会计人员更加深入地了解企业现金流变化的原因。

(二)便于从现金流量的角度对企业进行考核

一方面,企业的正常运转必须具有充足稳定的现金流,如果现金流量无法支持其营业活动,该企业将会面临严重的生存问题,因此准确及时的现金流量信息对于管理者来说至关重要。另一方面,随着市场关系的日渐复杂,越来越多的银行、投资者、工商管理部门等会加强对企业实际运营情况的关注,除了一般的资产债务情况等,还会要求企业提供现金流转的相关信息,以及更加可靠的还债能力评价依据。

众所周知,权责发生制的计算原则是递延、应计、摊销和分配,核算的利润与企业现金流量在时间上不对应,而损益表采用的就是这种核算法则,因此即使一家企业的损益表上显示为盈利状态,其实际资产储蓄可能仍然不到位。权责发生制和收付实现制各有利弊，因此为了更好地服务于企业会计核算，不能片面地否定其中任意一个，而应在保持权责发生制为基础的情况下，使现金流量表按照收付实现制进行核算，这样就能扬长避短，使两种方法结合而实现互补。损益表与现金流量表相结合，能够让我们更加清楚明白地理解企业现金流转情况，从而为判断企业运营状况和管理人员业绩提供依据。

（三）了解企业筹措现金、生成现金的能力

一般来说，现金作为企业正常运转的"血液"，通常可以从以下两种方法获得。

一种方法是从企业外部获得新鲜"血液"，这种方法主要是依靠企业投资者和债权人的现金增加活动。这种方法会使企业的受托责任和债务责任增加。这样来看，想要获得外部的"血液"，企业必须要为此承担一定的责任，并不会是免费获得的。

另一种方法就是企业通过正常运转和经营活动获得利润，从而使自身产生"血液"的能力增加。对于任何企业来说，想要实现在行业中保持一定竞争力，必须要有盈利。这也是企业资金来源的重要渠道之一。

想了解企业的资金来源的具体情况，必须要通过企业的现金流量表获得。从现金流量表中可以看到从企业的内部和外部分别获得了多少现金、通过自身经营获利从而得到多少现金。同时，除了现金来源，还可以了解现金去向；可以看出某些固定用途的资金是否真正用到了企业预定的用途中去，如果有剩余，剩余资金的去向是否符合要求。

二、现金流量表的结构和内容

现金流量表是反映企业一定期间内有关现金和现金等价物的流入和流出信息的报表，其基本内容包括：

1. 经营活动产生的现金流量
- 销售商品
- 提供劳务
- 购买商品
- 支付职工薪酬
- 缴纳税费等

2. 投资活动产生的现金流量 ⎰ 对外投资
⎱ 收回投资
购建、处置固定资产和其他长期资产

3. 筹资活动产生的现金流量 ⎰ 吸收投资
⎱ 发行股票
分配利润、股利
借入款项
偿还债务

4. 汇率变动对现金的影响

5. 现金及现金等价物净增加额

6. 期末现金及现金等价物余额

现金流量表格式见表 5-1 所列。

表 5-1 现金流量表

编制单位： ＊＊＊ 　　　　200×年度单位:元 　　　　会企 03 表

项　　目	本期金额	上期金额
1. 经营活动产生的现金流量		
销售商品、提供劳务收到的现金		
收到的税费返还		
收到的其他与经营活动有关的现金		
经营活动现金流入小计		
购买商品、接受劳务支付的现金		
支付给职工以及为职工支付的现金		
支付的各项税费		
支付的其他与经营活动有关的现金		
经营活动现金流出小计		
经营活动产生的现金流量净额		
2. 投资活动产生的现金流量		
收回投资所收到的现金		

（续表）

项　　目	本期金额	上期金额
取得投资收益所收到的现金		
处置固定资产、无形资产和其他长期资产所收回的现金净额		
处置子公司及其他营业单位收到的现金净额		
收到的其他与投资活动有关的现金		
投资活动现金流入小计		
购建固定资产、无形资产和其他长期资产所支付的现金		
投资所支付的现金		
取得子公司及其他营业单位支付的现金净额		
支付的其他与投资活动有关的现金		
投资活动现金流出小计		
投资活动产生的现金流量净额		
3. 筹资活动产生的现金流量		
吸收投资所收到的现金		
借款所收到的现金		
收到的其他与筹资活动有关的现金		
筹资活动现金流入小计		
偿还债务所支付的现金		
分配股利、利润或偿付利息所支付的现金		
支付的其他与筹资活动有关的现金		
筹资活动现金流出小计		
筹资活动产生的现金流量净额		
4. 汇率变动对现金的影响		
5. 现金及现金等价物净增加额		
加：期初现金及现金等价物余额		
6. 期末现金及现金等价物余额		

三、现金流量表附注的披露内容

现金流量表附表见表5-2所列。

表5-2　现金流量表附表

项　目	本期金额	上期金额
1. 将净利润调节为经营活动现金流量		
净利润		
加：资产减值准备		
固定资产折旧		
无形资产摊销		
长期待摊费用摊销		
处置固定资产、无形资产和其他长期资产的损失（减：收益）		
固定资产报废损失（减：收益）		
公允价值变动损失（减：收益）		
财务费用（减：收益）		
投资损失（减：收益）		
递延所得税资产减少（减：增加）		
递延所得税负债增加（减：减少）		
存货的减少（减：增加）		
经营性应收项目的减少（减：增加）		
经营性应付项目的增加（减：减少）		
其他		
经营活动产生的现金流量净额		
2. 不涉及现金收支的投资和筹资活动		
债务转为资本		
一年内到期的可转换公司债券		
融资租入固定资产		
3. 现金及现金等价物净变动情况		
现金的期末金额		

(续表)

项　　目	本期金额	上期金额
减:现金的期初余额		
加:现金等价物的期末余额		
减:现金等价物的期初余额		
现金及现金等价物净增加额		

四、现金流量表的填制方法

1. 直接法

以"主营业务收入"为起算点,通过现金收入和支出主要类别,反映来自企业经营活动的现金流量。

2. 间接法

根据利润表中的净收益调整为现金流量,即以净收益加上未支付的现金支出(如折旧、摊销等),减去未收到现金的销货应收款等项目,得出实际的现金流量。《企业会计准则——现金流量表》要求采用直接法报告经营活动的现金流量,同时补充资料用间接法计算现金流量。

五、现金流量表的主要项目填制

(一)经营活动产生的现金流量

1. 销售商品、提供劳务收到的现金

本期销售商品、提供劳务现金收入,收回前期销售劳务的应收账款、预收款项、销货退回。

2. 返还税费

增值税有先征后返,很多地区招商引资会有所得税返还优惠等。即已经交了税,根据税法或其他规定的优惠条件需要返还的税费。收到的税费返还在现金流量表中表现为两个项目,"收到的增值税销项税额和退回的增值税款"和"收到的除增值税外的其他税费返还"。企业销售商品收到的增值税销项税额以及出口产品按规定退税而取得的现金,应单独反映。此外,还有其他的税费返还,如所得税、消费税、关税和教育费附加返还款等。这些返还的税费按实际收到的款项反映。

3. 其他现金收入

反映企业除了上述各项意外收到的其他与经营活动有关的现金流入。

4. 购买商品、接受劳务支付的现金

本期购买商品接受劳务的现金支出、支付前期应付款项、预付账款、退货收回的现金。

5. 支付给职工以及为职工支付的现金

实际支付本期职工薪酬奖金、补贴、津贴以及经营人员养老金、保险金及其他支出等。

6. 支付各种税费

所有在本期实际进行支付的各类税费及预交税金。

7. 支付的其他与经营活动有关的现金

除上述 4～6 项支出外其他与经营活动有关的现金支出。

(二)投资活动产生的现金流量

1. 收回投资所收到的现金

对外收回各类型投资收到的现金,收回长期股权投资本金的现金。

2. 取得投资收益所收到的现金

投资所收到的现金股利、利息及分回利润收到的现金。

3. 处置固定资产、无形资产和其他长期资产所收回的现金净额

报废、出售这些资产取得的现金净收益额。

4. 购建固定资产、无形资产和其他长期资产所支付的现金

购买机器设备、商标专利、自建工程等支出。

5. 投资所支付的现金

权益性投资所支付的现金。

6. 收到和支付其他与投资活动的现金流出

除上述 1～5 项其他投资活动支出。

(三)筹资活动产生的现金流量

1. 接受投资所收到的现金

投资者投入的现金。

2. 借款所收到的现金

各种长期、短期借款收到的现金。

3. 偿还债务所支付的现金

归还各种借款支出。

4. 收到其他与筹资活动有关的现金收入和支出

除上述 1～3 项外的其他筹资支出。

第二节 现金流量质量的分析

财务报告信息的使用者,不仅要看企业收益总额的大小,而且要注重收益的内在质量。以现金为基础编制的现金流量表克服了权责发生制带来的一些弊端,现金流量表信息相对于资产负债表和利润表信息来说,非常客观地分析现金是否随利润同步变化,有利于企业在经营过程中更好地运用现金流量表分析会计收益质量,帮助投资者和债权人在企业经营过程中的科学决策。

一、收益质量的产生原因及其内容

由于我国会计准则对于某些会计科目计价、核算、计量等有着特殊的规则,企业权责发生制的应用,可能会使得财务报告的相关收益和企业实际的收益有所差距。

(一)收益质量的概念

收益质量这一指标表示的是企业财务报告的收益和公司实际收益之间的匹配程度。具体来看,如果企业财务报告的收益和企业的实际收益之间的匹配程度越高,说明企业的收益质量这一指标表现越好;相反的,如果企业财务报告的收益和企业的实际收益之间的匹配程度越低,那么企业的收益质量这一指标表现越不好。

收益质量还可以表示企业的财务报告收益和企业实际的现金流入和流出情况的相关程度,企业的现金流量表等报表所能体现的企业的实际收益的可靠程度。如果企业的收益质量比较高,说明财务报告比较客观公正地展现了企业当前良好的经营状况,企业报告收益和实际情况匹配较好,同时也说明企业拥有较好的未来发展前景;相反的,如果企业的收益质量比较低,说明相关报表并没有很好地展现出企业当前的经营状况,展现出的企业收益可能和实际情况严重不匹配,如此的财务报告并没有真实地反映情况,会给人带来误导,无法正常发挥其作用,难以做出正确判断。

(二)会计收益质量的内容

衡量收益质量的好坏程度有以下两个方面的规定:

一方面是质的规定,这主要体现在相关信息的品质情况。具体来说,企业在进行相关收益确认核算时,是否符合相关会计信息质量要求,是否对相关法规政策进行了落实,已进行确认的还要分析是否会出现不确定情形影响现在确认的收益,是否对会计准则的规定予以执行。

另一个方面就是量的规定,主要体现为收益的数量情况,具体包括收益的具体数额、是否近年来经营中具有长期稳定发展趋势,各种类型收益的结构,以及各种类型收益占全部收益的比重情况。

无论是"质",还是"量",对于衡量收益质量好坏来说,都是非常重要的方面,二者缺一不可,不能单独考虑"质",也不能单独考虑"量",分析时需要将二者辩证统一地进行考虑,否则就没有分析收益质量的意义。

在所有财务报表中,现金流量表对于分析企业收益质量是最为重要而且最为准确的。一般来说,对现金流量表进行分析可以帮助报表使用者了解企业的实际收益的质量,这是分析资产负债表而不能得出的,同时,还可以将利润表和其财务资料信息联系在一起,使得反映收益情况更加准确。

通常情况下,我们很难看到一个企业某个年度的现金流量和企业的收益出现相等的情形。这是由于多数企业都会出现赊购赊销的业务,所以在一定期间内企业的实际收入和收到的现金未必完全相等,同样的,一定期间内企业的成本也未必是当期真正的成本。企业财务上的利润和企业现金流入未必一致,财务上的亏损和企业的现金流出也未必相同。

可以看出,企业利用现金流量表对收益质量进行分析有着以下几个方面的优势:

第一方面,企业的现金流量要比企业的利润更能体现企业的收益质量。因此,在分析企业状况时,可以利用现金流量的数据,将利润指标进行一定的调整,可以使财务报表使用者能够更加深入地了解企业当前的经营状况和偿债能力。

第二方面,现金流量表可以对一些会计信息进行明确。现金流比利润更不容易被操纵,或者说企业的现金流入或流出有踪迹或缘由可寻,发生人为操控等现象比较少。所以,投资者需要深入分析企业的现金流量表,更进一步了解企业的财务状况,这样对投资决策是否可行可以作为一个重要的判断依据,避免根据表面信息就做出投资决策从而受到经济损失。

二、经营活动产生的现金流量

(一)经营活动产生的现金流量小于零

如果企业的现金流量表出现了此种情况,那么就相当于经营活动的现金流入要小于当期的现金流出。

一般来说，企业在刚从事经营活动时，可能会出现这种情况。因为这时企业的各个部门、各种资源以及各个环节都处在准备、摸索的阶段，无论是筹建支出、材料设备，还是人力资源，企业难免会出现不合理的成本，导致现金流出。同时，企业为了寻找市场、拓展客户，会在初期大量投入资金，用于市场的开发和产品的推广，而此时企业的收入未必因此而大幅度提升，为了平衡支出，企业经营活动现金流量会在这一阶段表现出小于零的情况。

如果企业在创建之初发生了这种情况，那么可以看成是正常现象。但是，在过了发展初期之后，企业还出现这种情况，那么就必须认定企业的该类型现金流量的质量不够好。

(二)经营活动产生的现金流量等于零

如果企业的现金流量表出现了这种情况，相当于企业的日常经营活动的现金流入要等于当期的现金流出，也就是企业在经营中不需要额外再进行现金的补充就可以达到"收支平衡"。

然而，在这里必须要注意的是，需要考虑会计处理中权责发生制带来的影响。因为在企业的正常经营中，一些非流动资产要将成本按期分摊至各期的成本之中，这种成本就是非现金消耗性成本。所以，从长久看，若经营活动产生的现金流量等于零，则并不会保证企业利用当期资金流入填补资金流出就能使企业正常运转。因此，如果企业长期出现这种情况，说明企业的这种现金流量的质量仍然不够好。

(三)经营活动产生的现金流量大于零但不足以补偿当期的非现金消耗性成本

这种情形虽然比前两种情形要缓和一些，但是由于企业仍然无法对非现金消耗成本进行完全弥补，所以企业如果出现了这种情况，那么并不会保证企业利用当期资金流入填补资金流出就能使企业正常运转。因此，如果企业长期出现这种情况，说明企业的这种现金流量的质量仍然不够好。

(四)经营活动产生的现金流量大于零并恰能补偿当期的非现金消耗性成本

如果企业出现了这种情形，说明企业对于现金流量的要求已经达到了初步的目的，可以保证企业利用当期资金流入填补资金流出就能使企业正常进行经营活动。然而这种情况下只能保证运营，而不能为企业扩大发展提供更多的现金，当有投资机会时也不能保证企业有足够的投资资金，所以企业只能等待这种现金流量的增加。

(五)经营活动产生的现金流量大于零并在补偿当期的非现金消耗性成本后仍有剩余

企业的现金流量如果达到了这种情形,可以说企业的现金流量已经处于良好的运行状态。如果企业能够长久保持这种状态,就可以为企业扩大发展提供更多的现金,为企业带来投资。这种高质量的现金流量能够使企业更加迅速地强大起来。

综上所述,上述第五种情况对于企业的良好发展最为重要,如果能长期保持在第五种状态,那么企业能够迅速壮大。这样的现金流量是高质量的。

三、投资活动产生的现金流量

(一)投资活动产生的现金流量小于零

如果企业出现了上述情况,说明企业该项目下现金流出的金额要多于企业收到的现金流入的金额。一般来说,企业进行投资活动,主要有三个目的:

首先,在企业发展初期为了让企业尽快进入市场进行经营活动,企业需要进行固定资产等资产的构建,保证企业正常运行。

其次,企业为迅速扩张和快速发展而进行的各类型投资活动。

最后,企业可以利用多余的现金进行短期的投资。

在以上三个目的中,前两种投资通常都是有规划、符合企业战略要求的,第三种目的只是短期安排。所以对于投资活动产生的现金流量小于零的企业,如果这符合企业战略规划安排,那么这种现象的出现恰恰是企业发展的必经之路,也反映了企业在未来发展和市场扩张方面做出的努力。

(二)投资活动产生的现金流量大于等于零

如果企业出现了上述情况,说明企业投资活动导致现金流出的金额要小于企业因为投资而收到的现金流入的金额。这种情况的发生,主要可能有以下两种情况:

一是因为企业在某一期间对所有投资回收的金额要大于对外投资的支出的金额。

二是因为企业处理了原计划长期持有的非流动资产。

在这两种情况下,要对发生的具体原因进行详细分析。比如,企业该项目下的现金流出量,还能通过经营活动来进行弥补;又如,固定资产的成本需要在以后期间进行折旧,无形资产则需要进行摊销。所以,我们不能绝对认为只要投资活动现金流量小于零就说明这种现金流量的质量低,而是需要根据具体情况进行分析才能确定发生的原因。

四、筹资活动产生的现金流量

(一)筹资活动产生的现金流量大于零

如果企业出现了这种情况,说明企业因为筹资的活动所导致的现金流入要多于筹资的活动所导致的现金流出量。简单来说,就是企业吸收投资或者产生债务要多于支付股利和偿还债务的数量。一般来说,在企业投入运营初期,往往需要大量的资金,因此在经营初期会出现这种情况。但是,只要是企业对现金有大量的需求但是靠经营活动获取的现金流入不能满足要求时,企业都会通过筹资活动来进行现金的补足。比如,企业需要发行一批新的产品或者开拓新的市场时,将会通过筹资活动来筹集这些活动的资金以满足要求。如果要分析企业这种情况下的现金流量大于零是否正常,主要是要分析由哪种原因引起的。如果企业发展刚刚起步,或者是企业即将进行重大战略规划调整,那么企业筹资行为是必不可少的;如果是因为企业的现金流出远远超出正常现金流入,说明企业进行筹资活动是不得已的补救措施,那么企业可能出现运营上的问题。

(二)筹资活动产生的现金流量小于零

如果企业出现了这种情况,说明企业因为筹资的活动所引起的现金流入要少于筹资的活动所引起的现金流出量。简单来说,即企业吸收投资或者产生债务要少于支付股利和偿还债务的数量。通常情况下出现这种情况,是企业可能在此期间对外进行了集中偿付或者归还借款。如果是这种原因引起的,则不能认为企业运营出现了问题。但是,还有一种可能性会引起这样的结果,即企业没有新的战略规划安排。

此外,现金流量表也充分考虑了通货膨胀这一重要因素。报表使用者可以直接进行分析预测企业的现金情况,从而做出正确的决策。

五、现金流量表对企业收益质量的分析

现金流量与企业运营活动息息相关,收益背后如果没有实实在在的现金流入,不仅无法进行有效的分配,还会影响资产质量。运用现金流量表分析会计收益质量的方法有三种。

(一)不同过程形成的现金流量可以反映会计收益质量

对于企业来说,经营管理各阶段的现金流量性质和金额体现相应的收益质量和财务状况,良好的经营活动现金流量能够推动企业的正常经营活动的顺利进行。

(二)现金流量整体状态对会计收益质量的反映

企业创立阶段,通过向银行等金融机构借款和投资人投入资金,经营活动和投资活动现金流量均表现为流出大于流入;企业发展阶段,随着营业收入增加,经营活动带来大量的现金,此时,还会增加投资便于扩大生产规模,企业经营活动和筹资活动现金流量表现为流入大于流出;企业成熟阶段,进入了投资回收期,开始集中偿还前期外部债务;企业衰退阶段,市场份额开始萎缩,同时需要继续清偿债务,经营活动和筹资活动一般表现为流出多于流入,投资活动现金流量流入大于流出。

(三)现金流量指标分析对会计收益质量的反映

在设计相关评价指标时,必须考虑指标的简便性和可读性,指标必须具备良好的概括性,方便使用者理解其真实含义。常用的现金流量分析指标有现金比率、现金对流动负债的比率等(具体指标分析见本章第三节)。

现金流量表中的各项指标对于分析企业经营收益质量和资本市场参与质量都发挥着非常显著的作用,通过对现金流量表各指标项以及关联指标间的分析,我们可以发现现金流量各项目的变化情况及原因,将其与利润表结合起来可以分析企业的成本费用管理水平、盈利手段和盈利变现能力,还可以将其与资产负债表和利润表联系分析企业投资布局和融资及负债结构与能力。

第三节 现金流量趋势的分析

现金流量表是多角度的归集数据,将数据进行分析对比,可以综合了解企业内部的经营决策和财务活动,对企业未来的财务发展趋势进行分析。通过数据信息帮助企业改变管理策略,规划未来发展路线。通过现金流量的数据可以初步了解企业偿还债务能力。

一、趋势分析法

财务报表涉及的范围很广,分析现金流量表包括趋势分析法、比率分析法、结构分析法等。下文着重看趋势分析法。

　　趋势分析法重点在于趋势，结合多个阶段综合进行分析，对不同阶段的项目资金进行对比，找出不同阶段中各指标的变化，在此基础上分析企业未来的趋势，对未来可能出现的情况进行总结并设计相应的方案。通过这种方法，企业可以了解项目的发展态势。

　　趋势分析法在分析时将连续多年的财务报表综合起来分析，可以是最近几年，甚至可以是连续十多年，将这些财务报表放在一起对比分析时，就能很清楚地发现整体的发展趋势，从而总结其中的规律，如果只分析单独一年的财务报表，就很难形成连续的整体的分析思维。

二、趋势分析法的一般运用

　　在分析现金流量的发展趋势时，通常采用的是定比、环比和平均增长率法。

　　定比分析法首先要确定某一年为分析的基础，然后以这一年为基础数据和其他年份的报表进行对比分析，明确每个年份的趋势数据是多少，通过趋势百分比，可以了解项目在不同年份的发展趋势是怎样的。

　　环比分析法是将前一年和本年进行对比分析，计算相应的趋势百分比，它的计算基础数据是上一年的数据，这样可以更加具体地了解项目在每一年的发展趋势。

　　平均增长率法是为了消除很多短期因素带来的影响，将三年的平均数值作为基础数据，计算平均的变动率，这种方法是最稳定且准确的。

三、比率分析法

　　现金流量财务比率分析包括以考察企业经营活动产生的现金流量与债务之间的关系为目的的现金流动性比率分析；评价获取现金能力的指标比率分析；判断企业自身产生的现金与现金需求之间的适合程度的财务弹性比率分析。常用的有现金流量适合率、现金满足投资比率和现金股利保障倍数。

四、结构分析法

　　在现金流量表有关数据的基础上，进一步明确现金流入和支出的具体项目构成以及现金余额的内容形成。通过经营过程、投资过程、融资过程的现金流量的结构分析可以分为：现金流入结构分析、现金支出结构分析及现金余额结构分析。

第六章 所有者权益变动表的分析

所有者权益变动表可以了解在某一确定的阶段，由于企业经营活动的发生，使得企业盈利或亏损和现金股利的变化，从而给股东权益带来变动，通过此表可以了解企业对待股东的态度。企业每年都会有一份综合的会计报表，所有者权益变动表就是其中一部分，曾经隶属于资产负债表，也称为资产负债表的附表。

所有者权益变动表可以明确所有者权益的增加或减少，同时对于增加或减少的内部结构性原因也会有所显示，对于直接关系到所有者权益的部分会做详细的分析，相关人员可以准确地了解所有者权益变动的重要原因，进而摸清企业资金的来龙去脉。

2007 年，从上市公司开始，所有者权益部分成了单独的报表，原来是属于资产负债表中的一部分。至此，企业在披露相关信息时，必须要向相关部门提供四张财务报表，分别是企业利润表、现金流量表、资产负债表和所有者权益变动表。

通过股东权益变化的增减情况，可以对变动情况有一个详细的了解，明确股东权益是如何变动以及变动的原因，相关人员可以准确地判断企业的资本保值和增值情况，有利于管理者做出正确的决策。

股东权益增减变动表分为两个部分，表首部分为报表的名称、编制的相关信息以及对于报表使用符号的说明。正表是对股东权益增减变动的详细说明，涉及各个关于权益变动的项目，包括股本（实收资本）、资本公积、法定和任意盈余公积、法定公益金、未分配利润等；每个项目又有具体的分析内容，表明最开始的余额、增加或减少的数值、最后的余额，可以通过不同项目的不同内容进行具体的分析。当股东权益增减变动表在对各个项目进行分析时，包括以下几大项目，分别是"股本""资本公积""盈余公积""未分配利润"。

第一节　所有者权益变动表与三大基本报表之间的关系

钩稽关系是会计人员在编制会计报表时频繁使用的术语，说明的是企业多个会计报表之间存在逻辑和对应关系，相互之间是密切联系的，如果出现了逻辑断开或不对应的情况，说明会计报表出现了差错。

一、所有者权益变动表与其他报表的钩稽关系

四张报表的整体关系可以这样理解：资产负债表报告的是从静态的角度反映企业某一时点的价值存量，利润表、现金流量表与所有者权益变动表是从动态的角度反映两个时点之间的存量变化——增减量，利润表反映了所有者权益变化的一部分，即利润表中的净利润中的一部分构成了所有者权益中未分配利润；现金流量表反映的是企业"现金"的变化过程；所有者权益变动表反映的是资产负债表中所有者权益项下具体项目的变化过程及原因。四张会计报表是用会计这门商业语言反映企业会计期间的总体财务状况和经营成果。

接下来我们再看所有者权益变动表与其他报表之间的具体关系，如图6-1所示。

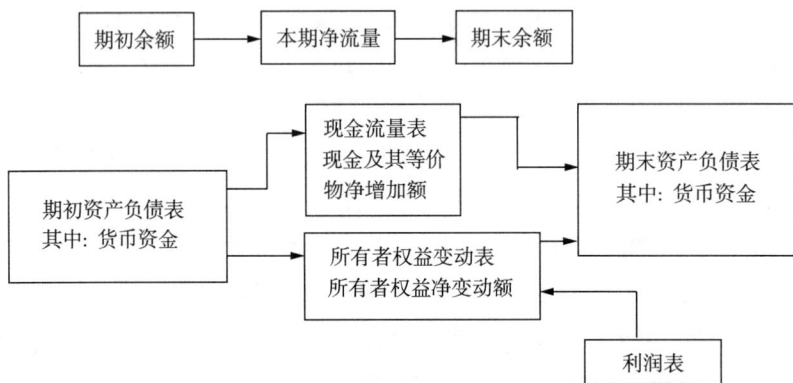

图6-1　所有者权益变动表与其他报表之间的关系

（一）所有者权益变动表与资产负债表的关系

所有者权益变动表的数据来源是资产负债表，资产负债表中对于所有

者权益部分也有比较详细的说明,包括权益变动的过程,实际获得的资本,资本和盈余公积,未分配利润,所有者权益(或股东权益)总计,两张表关于这些数据的金额都是相同的。

(二)所有者权益变动表与利润表的关系

利润表中的净利润会影响所有者权益中的未分配利润数额。企业当年的经营情况对所有者权益的影响是通过净利润来体现的,年终时,会计科目中本年利润数额要全部结转到未分配利润里面,而本年利润的期末余额反映的是利润表中的净利润数额。

(三)所有者权益变动表与现金流量表的关系

所有者权益变动表与现金流量表之间并不存在直接的、一一对应的关系。但是存在着间接的关系,这种关系主要通过资产负债表相关项目的连接。比如,企业经营中用货币资金注资,现金流量表中"吸收投资收到的现金"增加,则所有者权益变动表中的实收资本或股本增加。

二、所有者权益变动表的性质和作用

(一)所有者权益变动表是资产负债表与利润表的桥梁纽带

对外贸易企业经营活动中常常会用到一些金融工具,其已成为一种常见的投资与避险工具。某些企业会发生外币交易折算差额、可供出售金融资产公允价值变动等已确认未实现的损益,这些在利润表无法确认,而是直接在资产负债表中的所有者权益中列示,这种做法削弱了资产负债表与利润表之间的联系。在这种情况下,所有者权益变动表成了联系资产负债表与利润表的纽带。

(二)所有者权益变动表是全面收益理念的体现

经济发展带来了大量的不同于以往的经济活动的发生,一些传统的会计原则限制了许多经济事项,而无法在利润表中填列,只有在所有者权益中列示,如外币折算调整、可供出售金融资产中的未实现损益、金融衍生品未实现的损益等。这些项目都是处于计划执行之中的,并没有得到真正的收益,所以在计算净收益时不能将其加入进来。关于所有者的权益部分,所有者权益变动表设计的内容更加全面,针对已实现或未实现的部分都有详细的数据,通过所有者权益变动表,可以准确地了解所有者权益得到的和损失的部分。

(三)所有者权益变动表揭示所有者权益变动的原因

某些经济事项在利润表中没有计入净利润,在所有者权益变动表中给予列示，是揭示金融工具公允价值变动的报表。

三、所有者权益变动表的具体项目

所有者权益变动表要对以下项目做重点展示：净利润；所有者权益的利益或损失的总数值；会计政策的变动带来资金的影响；所有者投入资金和利润分配；按照规定获得的盈余公积；实际获取的资本和资本、盈余公积；利润未分配和分配之后金额的调节情况。

所有者权益变动表的横向是权益内部的详细构成，包括实际获取的资本、资本公积和盈余公积以及还未划分的利润，资产负债表将其他综合收益也作为单独的项目进行统计，所以所有者权益变动表也要将其添加进来，目前所有者权益变动表的横向涉及的是五个项目内容。

纵向上是引起变动原因的事项，表内不再说明综合收益的内部构成，而是统计综合收益的总体数值，对于综合收益内部构成的说明在利润表中已经有明确的体现，所以在此表中就不需要重复的说明。因为引起变动原因的事项较多，整个表的内容已经很充足，如果再将一些重复的信息添加进来，会让整个表变得非常复杂，不利于管理者做出正确的决策。

四、所有者权益变动表的结构

关于所有者权益变动的部分，涉及的项目和具体增减情况一定要明确地表现出来，在制作报表时可以通过矩阵的方式来体现，一方面，传统报表的制作是将所有者权益的各个项目明确区分，然后体现出它的变动情况，通过这种方式可以了解所有者权益变动的具体原因，能够体现在某一时间所有者权益变动的整体趋势，反映的信息更加全面。另一方面，要通过所有者权益的内部项目组成和总数额反映交易过程中是如何对所有者权益产生影响的，同时还要制作所有者权益的对比表，通过本年和前一年金额的对比，从具体的数字来了解权益具体变动了多少。

所有者权益变动表里应当单独列示下列信息：综合收益总额，会计政策变更和差错更正的累积影响金额，所有者投入资本和向所有者分配利润，提取的盈余公积，还有实收资本、资本公积、盈余公积、未分配利润的期初期末余额及其调节情况等。

所有者权益变动表列示内容：一方面，列示引起所有者权益变动的交易或事项，对一定时期所有者权益的变动情况进行全面反映；另一方面，按照所有者权益各组成部分(即实收资本、资本公积、其他综合收益、盈余公积、未分配利润和库存股)列示交易或事项对所有者权益各部分的影响,见表6-1所列。

表6-1　所有者权益变动表

编制单位：　　　　　　　　　　年度　　　　　　　　　　单位:元

项　目	本　年　金　额					项　目	上　年　金　额				
实收资本(或股本)	资本公积	减:库存股	盈余公积	未分配利润	所有者权益合计	实收资本(或股本)	资本公积	减:库存股	盈余公积	未分配利润	所有者权益合计
一、上年年末余额											
加:会计政策变更											
前期差错更正											
二、本年年初余额											
三、本年增减变动金额（减少以"—"号填列）											
（一）净利润											
（二）直接计入所有者权益的利得和损失											
1. 可供出售金融资产公允价值变动净额											
2. 权益法下被投资单位其他所有者权益变动的影响											
3. 与计入所有者权益项目相关的所得税影响											
4. 其他											
上述（一）和（二）小计											

（续表）

项　目	本　年　金　额			项目	上　年　金　额		
（三）所有者投入和减少资本							
1. 所有者投入资本							
2. 股份支付计入所有者权益的金额							
3. 其他							
（四）利润分配							
1. 提取盈余公积							
2. 对所有者（或股东）的分配							
3. 其他							
（五）所有者权益内部结转							
1. 资本公积转增资本（或股本）							
2. 盈余公积转增资本（或股本）							
3. 盈余公积弥补亏损							
4. 其他							
四、本年年末余额							

　　表6-1所列各项目根据当期净利润、直接计入股东权益的利得和损失项目、股东投入资本和向股东分配利润、提取盈余公积等情况分析填列。在表6-1所列中，直接计入当期损益的利得和损失包含在净利润中，直接计入股东权益的利得和损失主要包括可供出售金融资产公允价值变动净额、现金流量套期工具公允价值变动净额等，均单列项目反映。

　　所有者权益项目也是投资人关注的重点，因为当投资人购入一家企业的股票，实际上他就成了所有者当中的一员，该企业的所有者权益质量与他息息相关。2015年，＊科股权大战因资本大鳄的介入闹得沸沸扬扬，虽然现在＊科股权之争已经落下帷幕,但当时＊科管理层和股东之间的激烈冲突让普通投资者不免担心自身的利益会受到波及。如何才能看出企业管理层是否公平的对待所有的股东,通过所有者权益变动表就可以了解。通过所有者权益变动表,可以了解权益的组成部分以及各部分变动的具体情况,从而了解企业在某一阶段中股东权益变化的具体原因,因为企业经营活动的变动,对现金股利产生了影响,通过企业的处理办法可以了解其对于股东的态度。

自 2007 年开始,上市公司股东权益部分从原来的资产负债表中脱离出来,形成了财务报表的第四张报表。就如同资产负债表中第一行的货币资金无法体现全部或者主体年度内变化的情况,因此有了现金流量表。资产负债表中也只能看到期初和期末的所有者权益,但是对于权益的变化情况不能做直观反映,所以就有了所有者权益变动表。

五、所有者权益变动表主要应该看什么

所有者权益变动表和所有者(股东)的权益直接挂钩,从保护所有者权益角度出发,列示权益变动情况,包括权益总量的增减变动、变动的重要交易和事项等。通常情况下,对于所有者权益变动表关注以下几个点。

(一)股本的变动情况

通过股本的变动情况可以判断企业的财务状况,是正向的变动还是负向的变动。如果股本呈正向变动,说明企业财务状况良好,发展规模在不断地扩大;如果股本呈负向变动,通常表明企业财务状况恶化,比如上市公司通过减资以弥补累积亏损。但也有的是因为公司成立初期需巨额资金,步入正轨后,资本则有可能过剩,因此需要减资来调整财务结构。

以＊科的股本变动为例,对比 2015 年年末和 2016 年年末,＊科股本有所下降,但整体还算稳定。中国证券登记结算有限责任公司深圳分公司(以下简称深圳分公司)从 2015 年 9 月 15 日就开始对＊科企业的股份回购设立了专门的账户,从 2015 年 9 月 18 日到 2015 年底,回购了 A 股 1200 万股。如果回购已经成功,则相关的账户也随之关闭,所以＊科集团在 2016 年 1 月 14 日在深圳分公司办理了回购股份注销的业务。此次业务完成之后,＊科的股份变成了 110 亿股,减少近 1000 万股。

(二)资本公积的累计情况

资本公积主要是企业和股东之间有关股本交易所产生的溢价,可以用作转增资本。虽然通过这种方式并不能实际增加所有者权益的数额,但资本公积转增资本,可以优化企业资本投入的内部结构,帮助其长久稳定的发展下去。而且对于股份公司来说,通过这种方式能增加投资者的股份,提升公司股票的流动量,对股价带来更多的活力,提升交易量,增强资本的流动。此外,对于债权人来说,实收资本是所有者权益最本质的体现,是其考虑投资风险的重要影响因素。所以,将资本公积转增资本不仅可以更好地反映投资者的权益,也会影响债权人的信贷决策。如 * 科 2015 年年末资本公积为 87.1 亿元,2016 年年末资本公积为 88.6 亿元,增加近 1 亿元,幅度不是很大,表明其基本的财务保障能力没有太大变化。

(三)保留盈余的变动情况

保留盈余是指企业从历年实现的净利润中提取或形成的留置于企业内部的积累,包括盈余公积和未分配利润两个组成部分。保留盈余＝净利润(或净亏损)＋期初保留盈利－向股东派发的股息。保留盈余可以用作扩充营运规模、投资于新的企业、回购股票等。

还是以 * 科为例,如 2015 年年末 * 科盈余公积和未分配利润为 280 亿元和 526 亿元,2016 年年末两者数字为 325 亿元和 612 亿元,盈余公积和未分配利润分别增加了近 45 亿元和 86 亿元。结合 2016 年整个财报来看,* 科持有的货币资金高达 870.3 亿元,归属于上市公司股东的净利润为 210.2 亿元。

(四)股东权益其他调整项目的影响

分析造成股东权益增加或减少的其他调整项目,可以了解长期股权投资是否低于账面值、外币交易或外币财务报表换算的差额、未认定退休金成本的净损失及库存股票的买入与处分等情形。

对比 * 科 2015 年年末和 2016 年年末的库存股和其他综合收益。库存股 1.6 亿先减后增,2015 年从股东手上买了 1.6 亿股,相当于减资减股。2016 年增加了库存股用于原定的用途,比如发给管理层用于激励,又相当于增资增股。总体意思类似于公司要激励管理层但是不给现金,只给公司的股票,所以公司从市场上买入公司的股票暂时放在手里,等 2016 年执行激励方案的时候股票发放了。一减一增,相当于没有变化。其他综合收益从 4.5 亿元下降为 3.9 亿元,减少了 0.6 亿元,对外整体影响不大。

(五)股东权益总额的变动

对股东权益总额的变动进行分析,可以了解其变动的趋势及影响因素。

此外,股东权益变动表所列的期初及期末股东权益总额必定等于前后两期资产负债表上的股东权益总额。

对比＊科2015年年末和2016年年末的股东权益额,归属于母公司股东权益对利润的分配增加了24亿元,2016年年末总计为79亿元。对少数股东权益的利润的分配增加了5.3个亿,2016年年末总计为38亿元。从所有者权益变动表上看,＊科的股权之争最终并没有影响所有者的最终收益,特别是少数股东的权益。对他们而言,无论＊科股权大战的结果如何,只要能够保证普通投资者的利益,就是一件好事情。

第二节 所有者权益变动表的信息分析

所有者权益变动表提供的中心信息有五个方面:净利润、利润分配、投资人投入与减少资本、所有者权益的利得和损失、所有者内部结转等。读懂所有者权益变动表需要了解这五个方面的信息变动。

一、所有者权益变动额与净利润之间的关系

利润表中净利润数据反映的是企业经营业务的净收益,是影响所有者权益变动的重要因素之一,但是有一些资本利得或亏损没有在利润表中反映,它们直接计入了资产负债表。况且,影响所有者权益变化的因素除了利润表和资产负债表中的某些项目以外,还包括会计政策变更或会计差错更正以及股东投资等。所有者权益变动表实际上是把资产负债表和利润表连起来了,它将资本、收益及权益等相关项目的变动及影响体现出来。用公式表示:

所有者权益变动额＝净利润＋计入所有者权益的利得

＋会计政策和会计差错更正的累积影响＋股东投入资本

－计入所有者权益的损失－向股东非配利润－提取盈余公积

二、分析股东投入和减少股本

股本的变化包括股本增加和股本减少。

(一)股本增加

股东投入资本。股东将分配的股票股利不拿出来,增厚股本;股东追加

133

投资使得股本增加；有些公司发行的可转换债券到期按证券法规定转为股本；债务重组转为资本；股份支付将涉及资本公积和股本的变动计入所有者权益的金额等。

（二）股本减少

股本减少的一般情况是指企业经营业绩变化发生重大亏损及企业股东因其他原因决定减少股本。

三、计入所有者权益的利得和损失的分析

企业经营活动中有些利得和损失不能计入当期损益，与所有者投入资本或者向所有者分配利润无关的利得或者损失，按照财务制度应该计入所有者权益。

所有者权益变动表中，计入所有者权益的利得和损失包括可供出售金融资产公允价值变动净额。权益法下受投资单位所有者权益发生变化的影响，在持有期间需要计入资本公积，计入所有者权益项目相关的所得税影响等，比如企业接受捐赠的所得税问题，执行新准则的要在当期计提企业所得税，调整期初期未分配利润，将会影响所有者权益变化。

四、所有者权益内部结转分析

所有者权益内部结转不涉及其他类的科目，主要是权益类科目之间的转换，主要包括资本公积转增资本（我国注册资本制度导致了资本公积的产生）。《中华人民共和国公司法》（2018年修正）等法律规定，资本公积的用途主要是转增资本，即增加实收资本（或股本）。盈余公积转增资本，企业将盈余公积转增资本时，必须经股东大会决议批准。在实际将盈余公积转增资本时，要按股东原有持股比例结转，转增后留存的盈余公积的数额不得少于注册资本的25%。

五、影响所有者权益的利润分配的分析

（一）提取盈余公积

其包括法定盈余公积和任意盈余公积，法定盈余公积按税后净利润的10%提取，超过股本的50%时可不再计提；任意盈余公积的提取没有硬性要求，由公司董事会决定，提取盈余公积的主要目的在于积累资金。

（二）向股东分配利润

其包括向股东分配的现金股利和股票股利，向股东分配利润将导致未

分配利润的减少,属于消费资金的范畴。分配股利剩下的未分配利润,既可用于生产经营,也可用于公司扩张。

第三节 所有者权益变动表财务状况影响分析

根据所有者权益变动表中各项目组成的比例关系,对所有者权益变动表进行分析应侧重于所有者了解以下几方面的信息:当期实现的净利润的情况;直接权益各构成项目的具体变动情况;所包含的所有者权益的利得和损失财务状况,如可供出售的金融资产公允价值况质量信息等。应从以下几个方面进行分析。

一、区分"输液性"变化和"盈利性"变化变动净额

权益法下按投资单位所有者权益变动的影响,这里的"输液性"变化是指企业因为股东入资而增加的直接影响所有者权益的项目,对所有者增加或减少资本投入的统计,企业对利润的具体分配方案,所有者权益通过内部转化的其他权益。而"盈利性"变化则是指企业依靠自身的盈利而增加的所有者权益。显然,这两个方面均会引起所有者权益总额情况变化及所有者权益的期初与期末情况变化,对会计信息需求者所起的作用是不一样的,一个是外延性增值,另一个是内生性发展,需要仔细分辨才行。

二、关注股权结构的变化与其方向性含义

股权结构变化,既可能是原股东之间股权结构的调整,也可能是利润重新分配,还可能是有新进来的投资者。通过分析可以明确地了解权益增减的最新具体变动情况,会计制度所形成的所有者权益可能会转化为资产负债表上新的投资者。这种变化对企业的发展战略、经营方向、组织结构都具有重要影响。

三、关注所有者权益内部项目互相结转的财务效应

有的企业没有改变所有者权益的总规模,喜欢进行所有者权益内部项目的经常性互相结转,企业资本公积转增股本,或用盈余公积弥补企业的累计亏损。这类操作虽然对资产结构和质量没有直接影响,但会影响企业未来的股权价值变化,也会对企业的公众形象产生一定的影响。

四、关注其他综合收益的构成

其他综合收益对所有者权益带来的影响也不可忽视，其他收益包括的项目有可供出售金融资产或损失金额；按照权益法核算的在被投资单位所享有的收益分配份额；外币财务报表折算差额等信息，所有者权益变动表不仅从静态方面，还从动态的利得分析对所有者权益带来的变动，这些项目可以帮助投资者从实质上把握企业全面收益的状况。

五、注意会计制度、政策等因素的影响

所有者权益表的编制，会受到多方面因素的影响，如年内会计政策变更、频繁的差错更正对企业财务状况的变动影响。这种影响，除了数字上的变化以外，还受是否出于某些目的频繁调整报表而蓄意调整利润、故意更改财务数据、某些科目数据造假等。

六、所有者(股东)权益变动表阅读重点

(一)资本金(股本)的变化情况

所有者(股东)权益变动表中已详细列示当期股本的增减变动方向和具体情况，通过观察股本的变动情况便可以判断企业的财务状况。通常情况下，如果股本数量增多，说明企业当下财务状况良好，生产销售良好，企业有扩大发展规模的趋势；如果股本总数量减少，则表明企业产品销售不畅，存在滞销情况，财务状况正在恶化，减资可能是需要弥补亏损，此时必须特别关注企业能否成功增加市场销售和盈利的可能性以改变不良财务现状。

(二)资本公积的累积状况

资本公积是新老股东间的股本投资交易所产生的溢价。依《中华人民共和国公司法》(2018年修正)规定，资本公积除弥补公司财务亏损以外，不得另作他用。但经营无亏损者公司，可将"超过票面金额发行股票所得的溢额"及"受领赠予所得"的资本公积全部或一部分补充资本。从资本公积用途上看，资本公积属于所有者权益，但使用范围有一定的限制，不能用以分配股息及红利，资本公积总量越多表明企业越有保障。

(三)企业未分配盈余的积累

未分配盈余是指公司历年累积下来的纯收益，即剩余利润中未以现金或其他资产方式分配给股东，而是转为增加账面上的所有者权益。影响未

分配盈余增减变动的主要因素有本期净损失、前期损益调整、错误更正、会计原则变动引发调整、各种股利(股票股利、现金股利、财产股利)、库存股交易等,其报表关联性可从资产负债表中股东权益与利润分配表相关内容中进行分析。

(四)所有者(股东)权益其他调整项目的影响

透过所有者(股东)权益增减的其他调整项目的分析,可以了解长期股权投资是否低于账面价值、外币交易换算的差额、库存股票的购进与处理等情形的影响。

(五)股东权益总额的变动

对股东权益总额的变动进行分析,可以了解其变动影响的项目因素和未来企业权益分配的趋势。此外,验证报表记录正确与否可以观察股东权益变动表的期初及期末股东权益总额是否等于前后两期资产负债表上的股东权益总额。

第七章 财报综合解读——企业财务相关能力分析

企业的财务能力表现在通过财务活动可以影响和布局企业内部资源的使用,企业可以将内部的财务资源和财务技术融合一起形成财务能力,通过财务能力提高企业的整体实力。企业的财务能力是企业综合能力系统的重要部分,共同作用构成了企业完整的内部能力系统体系。

第一节 企业财务能力概述

企业的财务能力包括管理、活动、关系处理和表现能力,是企业通过组织和计划来协调内部的财务活动,将财务知识与财务经验结合在一起,形成正确的决策、合理的控制、规划和创新的能力。财务的活动能力也要结合财务技能与财务经验,帮助企业进行筹资和投资,将资金作用最大化,同时进行合理的分配。财务的表现能力是从会计报表中发现其发展趋势,明确对于企业盈利、偿债、运营、成长和社会认可的能力。

财务能力有利于企业形成自己的竞争优势,从而提升财务水平,给企业带来更多的附加价值,达到提高企业核心竞争力的目的。这是受财务在企业中的特殊地位决定的,首先企业的发展与进步是需要相应的资金作为基础的,若没有足够的资金,就无法进行运转,其竞争地位也会逐渐下降,最后将面临破产;其次,财务的可控资源也能够充分反映一个企业的财务水平,若能对可控资源进行科学的分配,其核心竞争力可以得到快速提升。所以,需要对一个企业的财务水平展开客观地探讨。

就能力理论来说,企业可以是一个综合的系统,它所具备的能力是多种多样的,财务能力只是其中之一。财务能力和其他的能力不太一样,比较特别,这是因为它有基础性能力与综合性能力。企业是否可以永久保持良好的竞争地位、能否扩大规模、能否增加产品覆盖范围等与其财务能力是息息相关的。一个企业只有具备了较高的财务能力,才有可能一直稳居行业高位,才有逐渐扩大规模的可能性,才能够实现自身的多元化发展。

一、企业财务能力的特征

(一)企业财务能力是企业能力的综合体现

简单来说,企业处于一个能力体系之中,它所包含的能力有很多种,比如管理者自身的能力,组织的战略能力、创造能力、变革能力、协调能力等。在这样一个能力体系中,企业财务能力具有特殊性、代表性和综合性。对企业的财务能力进行探讨和分析能够准确把握企业的基本运作能力与竞争能力。

(二)企业财务能力具有系统性

如果将企业的能力看成一个系统,那么其财务能力就可以说是一个子系统,它包括了财务管理能力、财务表现能力以及财务活动能力。首先,企业的财务能力是由企业能力所直接决定的,但是企业的财务能力也对企业能力有着重要的影响;其次,财务的表现能力是由财务管理能力、活动能力所决定的,但是财务表现能力也对财务管理能力、活动能力有着重要影响。

(三)企业财务能力具有动态性

企业能力的高低直接影响着企业财务能力的强弱,企业的能力会随着社会的进步而不断提高,每个发展阶段的企业能力都是不相同的。所以,企业财务能力在体现企业能力的同时也会受其发展而发生改变,也就是说企业的财务能力呈不断变化的状态。

二、企业管理能力间系统的关系

企业财务能力作为一个子系统,它的构成因素具有多样性,且各个因素之间相辅相成,共同运用于企业管理能力。财务活动能力、关系能力是由财务管理能力所决定的,财务表现能力能够充分反映财务活动,是财务活动能力、管理能力的表现;财务活动能力、关系能力由财务管理能力直接决定;财务管理能力依托财务活动能力、关系能力、表现能力而得到体现。在这四个因素中,财务管理能力位于核心地位,发挥主导作用,财务活动能力、表现能力都由它决定,当然财务活动能力、表现能力也对它有着反作用。财务能力能够整体反映财务状况,并体现企业的综合能力与竞争能力。

第二节　企业偿债能力多维度分析

所谓偿债能力，指的是企业能够用自身资产偿还所有债务的能力。企业是否可以正常运转是由企业的资产情况以及偿债能力所决定的。同时，企业的偿债能力能够体现企业的财务情况与经营状况。企业在规定时间内偿还债款的能力就是偿债能力，具体指两个方面：一是短期偿债能力；二是长期偿债能力。

偿债能力可以从动静两个方面进行阐述，从静态层面来说，企业的偿债能力指的是企业偿还债款的能力；从动态层面来说，指的是企业用经营而获得的收益去偿还债款的能力。企业是否拥有足够的现金以及是否能够及时偿还债款影响了企业的发展进程。要想对企业的财务进行准确的分析，首先应对企业的偿债能力进行分析。

一、短期偿债能力的多维度分析

人们主要从流动资产与流动负债这两个因素出发对企业的短期偿债能力进行分析与研究，同时也涉及流量因素与存量因素。所谓流量因素，指的是与资产负债数据无关的其他数据；而存量因素则指的是通过资产负债表所体现出来的相关数据。

（一）流动比率

所谓流动比率，指的是用企业的全部流动资产除以所有的流动负债所得到的比值，这一比率能够反映企业每笔流动负债金额对应多少流动资产，或者说企业有多少流动资产来应付即将到期的短期债务，指标能够有效反映企业的短期偿债能力，所以这一比率又叫作短期偿债能力比率。

通常来说，企业的流动比率越大，代表企业的短期偿债能力越高，债权人的保障也就越充足。较高的流动比率，既代表着企业的运转资金充足，能够按时偿还债款，又体现了企业的资产量多，可以有效保障债权人的基本权益；若流动比率较小，则代表着企业的资金已经不足以维持企业运转，也很难在规定时间内偿还债权人债款。并不是说流动比率越高越好，如果太高，代表企业的流动资产过多，可能闲置不用，不利于发挥企业的资金作用，降低企业在获取利润上的能力。

（二）速动比率

所谓速动比率,指的是用企业的全部速动资产除以流动负债所得到的比值。这一比率用来评估企业某个时间段内的偿债能力,它在一定程度上对流动比率进行了补充。企业的速动资产主要指资金、交易资产、应收债款等。

企业的短期偿债能力是好还是坏,可以根据速动比率的高低得到结论,速动比率在一定程度上补充了流动比率的不足,比流动比率更合理。若企业拥有很高的流动比率,但是资产的流动性却不高,那么企业的短期偿债能力需要继续提高。通常情况下,流动资产中的有价证券可以直接在市场上进行售卖,进而变成现金、票据、应收账款等,能够在短时间内转换成现金,但是存货项目因为变现过程比较复杂,需要耗费一定的时间,很容易导致滞销、保质期过期等结果。它的流动性不强,所以企业就算具备很高的流动比率,也不代表其短期偿债能力强,但是速动比率就不会面临这一局面了,速动比率通常都要超过100%。

（三）现金比率

所谓现金比率,指的是企业货币资金总额加上交易性金融资产数额后再除以流动负债所得到的比值。现金比率不包括企业的存货与应收款项,是速动资产扣除应收账款、其他应收款后的余额与流动负债之比,即通过计算公司现金以及现金等价资产总量与当前流动负债的比率,来衡量公司资产的流动性,是最能反映企业直接偿付流动负债能力的比率,特别是能够反映企业即时付现能力。一般认为企业有20%以上的现金比率较好。但这一比率过高,就意味着企业流动资产未能得到充分运用,现金类资产获利能力低下,企业会失去很多的机会成本。

除了上面提到的这些比率以外,还应根据以下两个方面去评估企业的短期偿债能力。首先,以企业往年的现金流量数据以及资金运转情况为基础展开研究,对企业在经营过程中获取利润的能力进行准确的判断;其次,对企业的经济持续情况、经营项目内容、融资途径成本等进行分析,以此来判断企业的短期偿债能力。

在通过企业财务指标去对其短期偿债能力展开评估时,需要以企业的实际情况、同期行业平均指标比率等为基础,选取指标因素时更要谨慎、科学;同时,结合企业的运营情况、资产结构、债务构成等因素,去选择评估企业短期偿债能力的指标因素。总而言之,在选取指标因素的过程中,需要注意几点:第一,应对企业的偿债能力、获利能力、发展能力等进行整体评估;第二,建立良好的风险预估机制;第三,以报酬与风险的平衡理论为基础,对企业的短期偿债能力进行可靠的判断。

二、长期偿债能力多维度分析

以目前财务分析的方法和原则为基础,判断企业长期偿债能力的指标包括利息倍数、资产负债率等。通常来说,这些指标与企业的发展与进步是息息相关的,同时也影响着公司债权人的保障力度与风险发生的可能性。准确判断企业的长期偿债能力,有利于企业认清自己实力,从而在财务决议上更加趋于合理、科学。

(一)资产负债率

所谓资产负债率,指的是用企业某个时间段内的负债总额除以资产总额所得到的比值,结果也可用百分比表示。负债率可以体现一个企业的资产总额变化,同时也能用于评估企业的负债水平高下。除此之外,还可以用来评估企业的经营能力,并体现债权人的权益保障力度。它从总资产与总负债之间的关系为出发点去评估企业的长期经营的资金平衡能力,总的来说,这一比率越低,则代表企业的负债保障力度越大,其长期偿债能力越强,债务使用水平越高。

(二)已获利息倍数

已获利息倍数是用来体现企业经营活动收入与利息支出之间倍数关系的。这一比率可以用来评估企业在一定盈利水平下支付还款利息的能力与水平。如果这一比率越大,那么则代表着企业支付利益的能力越强。每个行业都有自己的比率标准区间,所以利息偿付倍数没有明确的界定。一般情形下,如果偿付倍数不超过1,就表明企业的经营收入低于资金成本,该企业不具备偿还借款的能力;如果偿付倍数刚好为1,则代表企业的经营收入与资金成本相等;当这一指标大于1的时候,企业的经营收入就超过了资金成本。当然,利息偿付倍数大于1并不是终极目标,通常来说,利息偿付倍数如果能到达3,就是比较好的。若企业有很多支出都是采用非付现的方式进行的,就算它的利息偿付倍数小于1也并不代表它没有能力偿还账款利息。

三、企业偿债能力分析中存在的问题

(一)短期偿债能力指标存在的问题

在对企业的短期偿债能力进行探讨时,可以用到的指标有流动比率、现金比率、速动比率等,此类指标在一定程度上可以评估企业偿还债款的能力,借助这些指标去评估企业的偿债能力时还存在一定的漏洞,不够科学合理。第一,流动资产。所谓流动资产,指的是企业在某个时间段内消耗掉的资产,或者是变现的资产。一方面,那些没有收回的债款被算入流动资产里,其中企业有部分债款也许永远收不回来了;某些质量不高的资产也存在于流动资产中。另一方面,有些没有经过投保处理的流动资产在发生损失时是否能获得一定的赔偿也不可获知,坏账计提比例和金额能否全覆盖无法收回的应收款,没有到期的坏账也被算入流动资产之中。此外,那些花在投资活动上的资金已经不再流动,不能归入到流动资产中。第二,流动负债。所谓流动负债,指的是在某一个时间段内企业需要偿还的债款,或者是企业可能面临的债务资金,比如在诉讼中或者是纠纷中,可能面临败诉需要进行一定的赔款,对这些赔款金额进行分析时,应把企业的或有负债(负债概率)算在里面。

目前比较普遍的指标,虽然有着评估企业偿还债款能力的作用,但是在实际操作过程中并没有结合企业的实际情况、负债状态等,也没有考虑其他因素的干扰,得到的结果可能无法考虑所有的影响因数。

1. 资产属性上的差异

流动资产指的是企业在某个时间内所花费的资产,或是变现的资产。当前并没有对那些多年没有收回的账款、积压滞销的商品库存进行剔除,所以在计算流动比率的时候不具备科学性;而速动资产有着比流动资产更强的变现能力,但未收回的应收账款也并没有剔除而是包含在内,这导致速动比率的可信度降低了。还有预付账款损失、其他应收款内容造假等情况,或者是资产已经不再具备流动条件,资产被损坏或消耗等现象,现行的财务制度中也没有充分体现。

2. 资产质量上的差异

若企业很多的资产都存在质量不高的情况,比如应收账款超过三年还没有被收回、存货时间过长已无法使用等。因为质量问题,资产的价值也在逐渐下降,从而使企业偿还债款的能力受到限制。当前在对企业偿债能力比率进行计算的过程中,人们并没有考虑到资产的质量问题。

3. 资产计量属性上的差异

企业在对资产进行计算时可以结合历史成本、实际成本、重置完全价值、公允价值等。通常来说,还是应该按实际成本进行计算。企业的库存商品，其售卖价值超过了成本或是低于成本，很多投资活动中的证券价值也与实际账面价值不相等，但是在对流动比率、速动比率进行计算时却并没有结合这些因素。

4. 负债属性上的差异

对于流动负债中存在的预收账款来说，通常是通过企业的商品或者服务去进行偿还的，并不需要用速动资产去进行偿还，因此在对现金比率、流动比率以及速动比率进行计算时，需要从流动负债中剔除出来。

5. 或有负债对企业偿债能力的影响

或有负债并不具备稳定性，它的发生受很多因素的影响，这些因素包括应付账款、预收账款、诉讼内容、对外担保等。所以，在选择企业短期偿还债款能力指标时，要对与之相关的因素展开一定的分析，预估或有负债出现的可能涉及的金额，根据预估结果增加流动负债。

6. 变现能力上的差异

企业可以通过与银行沟通改变贷款性质和时效，变现资产及对外投资方式协商转换等提高自身变现的表现能力。

(二)长期偿债能力指标存在的问题

1. 资产负债率存在的问题

计算资产负债率是以企业的负债数目与资产总额为前提的，体现的是企业的偿付能力与水平，但是如果用它来体现企业的长期偿付能力并不准确，不是所有的资产总额都能用来偿还债务，比如企业信誉、无形资产等就不可以用来偿还债务。就算可以用来偿还也不具备稳定性，很有可能存在一部分企业需要通过其他渠道和途径进行偿还，否则就会引起潜在的经营风险，比如企业若没有及时支付相关股利，会导致企业后期的财务压力加大。

2. 长期负债比率指标存在的问题

长期负债比率指标面临的最大问题是企业的资产项目、负债项目过于烦琐和复杂，而该比率的指标只考虑资产、负债、权益总额三个方面，并没有从内部结构出发展开深入的分析。这很有可能使企业的账面价值没有得到准确的体现，降低了一部分资产的变现能力，企业的资产和负债还会存在没有入账的情况。长期负债比率又称"资本化比率"，是从总体上判断企业债务状况的一个指标，它是长期负债与资产总额的比率。资产总额是负债与股东权益之和，其分母中的负债是指负债总额，包含了长期负债与流动负债两类。尤其是有些企业的流动负债占比很高,相当于需要将企业的流动负债作为偿还长期负债的因子之一,这会造成更大的消极影响。资产负债率也一样,包括权益比率、负债权益比率也面临这些问题。

3.利息保障倍数存在的问题

就企业而言,举债经营存在一定的风险。这一风险具体可以从两个方面进行阐述:首先是定期支付利息,若企业的利息资金大于利润收入,那么企业就很容易面临亏损;其次是要在规定时间内偿还本金,在评估企业的偿债能力过程中,不仅要考虑企业的偿付利息能力,还要对企业偿还本金的资金能力高度重视,两方面考虑缺一不可,将债务风险降到最低。对于已获利息倍数而言,它能够体现企业支付利息的水平,同时还可以用来衡量企业进行举债经营的能力。

企业的高利润本身不能说明利息与本金支付的可靠程度,一般特指现金支付。以权责制为应计基础的账面高收入不能代表企业账上备有充足的现金。所以在借助该比率对企业进行评估时,并不能准确把握企业的实际偿付本金能力与偿付利息能力。

四、企业偿债能力评价指标的改进

要想避免当前企业偿债能力指标的缺陷与不足,需要在选择指标时结合企业的资产本质、负债性质、资产质量和计算属性,同时还要结合行业前景和业绩预期等其他因素,以此来提高偿债能力指标的科学性。

(一)短期偿债能力指标的改进

1.流动比率指标的改进

从流动资产中剔除的内容:①某一时间段内的应收账款、其他应收款和存货;②长期等待摊销的费用;③没有进行处理工作的资产损失;④用来进行投资活动的账款。此外还有:①那些没有进行处理的资产损失中,包括了一些赔偿事项;②关于存货、证券的变现情况。流动负债要结合票据、诉讼案件等综合考虑。通过完善得到流动比率的计算公式:流动比率=(流动资产-一个年度或一个经营周期以上未收回的应收账款和积压的存货-待处理流动资产净损失-待摊费用-用于购买或投资长期资产的预付账款+待处理流动资产净损失中可能获得有关责任人、保险人给予一定的赔偿或补偿以及待处理流动资产本身的残值+存货、有价证券变现价值超过账面价值部分)÷(流动负债+或有负债可能增加流动负债的部分),其中:或有负债可能增加流动的负债＝$\sum$或有负债×成为流动负债的概率。

2. 速动比率指标的改进

流动负债处于速动比率计算公式中的分母位置,还需要继续完善:首先,将预收账款从流动负债中剔除出来;其次,对负债的可能性和金额进行评估。

速动资产在速动比率公式中位于分子的位置,同样需要继续完善:将进行投资活动的预付账款剔除出来;对于本应收回却在超过一年后也没有收回的账款,应进行剔除;结合证券的变现情况以及实际账面价格,得到最后的速动比率计算公式:速动比率＝(速动资产－用于购买或投资长期资产的预付账款－超过一个年度或一个经营周期以上未收回的应收账款)÷(流动负债－预收账款＋或有负债可能增加流动负债的部分)。

3. 现金比率指标的改进

有价证券位于现金比率公式中的分子位置,是根据以往的账面价值为基础得出实际变现价值的;同理,流动负债位于该公式的分母位置,应与速动比率的分母一致。得到现金比率公式如下:现金比率＝(现金＋有价证券变现价值)÷(流动负债－预收账款＋或有负债可能增加流动负债的部分)。

(二)长期偿债能力指标的改进

1. 长期负债比率指标的改进

长期资产负债率,指的是企业长期负债款额能被有效资产覆盖的比率。公式为:

长期资产负债率＝长期负债÷能够用来偿债的长期资产

＝长期负债÷(固定资产＋无形资产＋长期投资)

该公式中,用来偿还债款的长期资产指的是企业拥有的无形资产、已经实现的长期投资以及尚有使用价值的固定资产。由于企业的"长期资产"需要耗费大量的时间,且回收补偿过程比较烦琐,所以通常借助所有者权益进行购买,如果选择负债购买,购买比率最好能保持在30%至40%。一般不要超过50%,若大于50%,代表企业过度使用负债进行资产购置扩张,从而导致企业的长期负债能力、偿债能力受到影响,进而产生一系列财务危机。在日常经营活动中,存在一些企业通过借贷筹集大量的资金购买固定资产和无形资产,尤其是国有企业表现得最为典型。企业如果长期这样,身上的债务压力会越来越大,若不能在规定时间内偿还债款,将给予破产处理,需要承担很大的风险。每个行业对于负债率的要求是不一样的,还要结合行业特点和行业周期进行具体分析。

所谓长期权益比率,指的是在所有权益投资活动中长期资产的占比。所有者权益有一部分在流动资产上面,即流动资金,剩下的都用在了长期资产方面,如固定资产(当然,有时候也会用在待摊费方面,待摊费与能力探讨没有什么联系,此处不计入考虑范围),也就是长期资本,它是由偿债长期资产减去长期负债资产而得到的。因此该指标的公式为:

$$长期权益比率＝长期主权资金÷可偿债长期资产＝(可偿债$$

$$长期资产－长期负债)÷可偿债长期资产$$

在所有的长期资产中,通过主权资金进行购买的大概需要有 2/3,也就是在 60%至 70%最为合理,最少不能低于 50%。如果比 50%还低,企业过度通过长期负债去进行购买活动,需要承担较大的风险。上述提到的两个指标,他们之间存在这一关系:

$$长期资产负债率＋长期权益比率＝1$$

所谓长期负债权益比率,它是用长期负债资金除以长期主权资金而得到的。公式为:

$$长期负债权益比率＝长期负债÷长期主权资金$$

$$＝长期负债÷(可偿债长期资产－长期负债)$$

该比例通常不会超过 100%,若超过了 100%,代表企业的长期主权资金比负债资金还低,即企业不具备长期负债能力。

2. 利息保障倍数指标的改进

对企业的偿债能力进行判断时,不仅要预估企业在偿付利息方面的能力,还要综合考虑企业在偿还本金方面的能力。利息保障倍数体现的是一个企业在支付利息上的水平与能力,只可以用来判断企业是否具备举债经营的资格,并不能用来判断企业的偿债能力。通常来说,企业之所以进行借款活动,是为了筹集经营资金和长期发展资金。企业需要满足利息额比利润额小这一条件才可以进行举债经营,不然在对外借款过程中很容易发生亏损。所以,以利息保障倍数的基本情况为前提,需要先对利息保障倍数展开深入分析与探讨,然后再去计算下面这三个指标因素:

债务本金偿付比率＝年税后利润÷（$\sum$ 债务本金÷债务年限）

这一指标不能比 1 小，指标数值越大，则代表着企业的偿债能力越高。单单以企业某个时间段内的债务本金偿付比率为基础，还不足以判断一个企业其偿债能力的高低。就企业而言，一般需根据五个年度的债务本金偿还比率数据，才可以去判断企业自身偿还债款能力是否具有稳定性。从稳定的层面出发判断企业的偿债能力时，我们一般都会选取利润指标最低的那一年。

债务本息偿付比率＝经营活动现金净流量÷年（债务利息＋债务本金）

该比率是用来评估企业在经营中获取收益的能力。所得到的比值越大，则代表着企业偿还债款的能力越强。这一指标因素还可以用于衡量企业的现金流量，判断企业的现有资金是否可以完成偿还任务。如果指标比 1 大，表明企业具备良好的资金基础，在偿还本金时没有压力。

现金偿还比率＝经营活动现金净流量÷长期负债

该比率体现的是企业经营过程中是否具备长期偿还债款的能力。即使企业可以借助投资活动、筹集资金活动去获取利益，从而完成还款任务，但是通过经营活动得到的收入是企业资金的最基本的来源。这一比率越高，也代表着企业具备良好的长期偿还债款的能力。

第三节　企业营运能力多维度分析

企业营运能力，指的是企业在经营过程中获取利润的速度与质量。其中，速度主要是指资产的运转速度，而质量则指的是企业的制造量与市场占用量之间的关系。

一、分析原则

体现企业资产营运能力的指标因素十分多样，为准确评估企业的资产运营能力，第一步要做的是建立科学的资产营运能力评估系统。在选择相关指标因素时，要注意以下几点。

（一）资产营运能力指标应体现提高资产营运能力的实质要求

企业资产营运能力在本质上指的是减少对资产的占用，花最少的时间实现资金运转,从而扩大产品制作规模,增加销售收入,提高自身收益。

(二)资产营运能力指标应体现多种资产的特点

企业的固定资产、无形资产、流动资产统称为企业资产,有着自身的特征。就固定资产而言,需要注意到的一点是,其价值与使用价值是不相等的,在计算过程中需要进行考量;就无形资产而言,需要注意到的是其价值与成本收回时间是不对等的;就流动资产而言,需要特别注重其流动性特征。

(三)资产营运能力指标应有利于考核分析

需要根据目前有效的财务制度对指标进行综合考量,或者以相关资料为基础对指标进行计算,否则无法发挥出指标的作用。

二、分析内容

以企业营运能力的内涵为基础对其营运能力进行分析,可以从以下这些方面展开。

(一)资产营运能力分析

对企业的资产营运能力进行分析时,主要涉及这些方面:所有资产的产值率计算,全部资产的收入率计算以及周转率计算。

(二)流动资产营运能力分析

在对企业的流动资产营运能力进行分析时,主要会涉及这些方面:流动资产的周转率计算,流动资产周转速度计算,存货运转率计算等。

(三)固定资产营运能力分析

在对企业的固定资产营运能力进行分析时,主要会涉及这些方面:固定资产的产值率,企业固定资产的收入率等。

三、全部资产营运能力分析

实际上,对全部资产营运能力展开分析,也就是对企业的基本运行情况展开整体的研究与分析。主要有以下这些内容。

(一)反映全部资产营运能力的指标计算与分析

企业的全部资产营运能力指的是其从投资和经营项目中能够获得利润的能力。计算企业的总产出时,首先要从生产能力出发,计算出总产值,然后再从市场销售及占有率出发,算出总收入,所以,可以用全部资产产值率、全部资产周转率以及全部资产收入率去衡量企业的全部资产营运能力。

（二）全部资产产值率的计算与分析

全部资产产值率，即企业每投入 100 元所得到的利润的总值，公式为：

$$全部资产产值率＝（总产值÷平均总资产）×100\%$$

通常来说，这一数值越大，代表着企业的制造水平越高，其运行状况越良好。此外，还可以用百元产值资金占用去表示，公式为：

$$百元产值占用资金＝（平均总资产÷总产值）×100\%$$

所得到的数值越小，代表着企业的营运能力越强。通过对这一指标因素进行分析，结合上述内容以资产占用为基础，可得到公式：

$$百元产值占用资金＝（平均总资产÷总产值）×100\%$$
$$＝［（流动资产÷总产值）＋（固定资产÷总产值）$$
$$＋（其他资产÷总产值）］×100\%$$

根据这个公式可以计算企业的产值率和百元产值占比。

（三）全部资产收入率的计算与分析

全部资产收入率，即企业每投入 100 元所得到的收益，公式为：

$$全部资产收入率＝（总收入÷平均总资产）×100\%$$

这一指标体现的是资产占用和企业收益二者之间的联系。一般来说，全部资产收入率越大，代表着企业具备良好的营运能力，运转速度比较快。企业的总产值包括已经制造完成的产品产值和未完成的产品产值，还包含了已经完成销售流程的产品产值和库存产品的产值。在当前的市场环境下，企业必须完成销售活动，才有可能获得收益。对资产收入率进行计算实际上就是在探讨产值与收入之间的联系。得到以下公式：

$$全部资产收入率＝（总收入÷平均总资产）×100\%$$
$$＝［（总产值÷平均总资产）×（总收入÷总产值）］×100\%$$
$$＝全部资产产值率×产品销售率$$

由此可知，企业要想提高资产收入率，不仅要争取较高的全部资产产值率，还要进一步扩大销售规模。

（四）全部资产周转率分析

以周转速度为基础对全部资产收入率进行分析，它的计算步骤与全部资产收入率大致一样：

$$全部资产周转率＝总周转额（总收入）÷平均总资产$$

在所有的资产中，流动资产的运转速度可以说是最快的，所以，流动资产运转速度很容易影响企业全部资产的运转速度。通过对全部资产运转速度和流动资产运转速度进行深入的探讨，可以得到以下结论：

$$全部资产周转率＝（销售收入÷平均流动资产）×（平均流动资产÷平均总资产）$$
$$＝流动资产周转率×流动资产占总资产的比重$$

可知全部资产周转率会受到两个因素的影响：首先是流动资产的周转率，通常来说，流动资产的周转速度比其他资产的周转速度要快很多，进一步提高流动资产的周转速度就会直接推动总资产的周转速度，不然将会导致总资产的周转速度变慢；其次是流动资产的数量，由于流动资产在周转上要比其他资产快一些，因此，流动资产的数量越大，那么企业总资产的周转速度就会得到提高，否则就会变慢。

四、全部资产营运能力综合对比分析

将全部资产营运能力看成一个整体，为的就是将体现全部资产营运能力的指标因素和体现流动资产、固定资产营运能力的指标因素融为一体展开探讨。因为指标因素之间具有一定的联系，在整体分析时要从这些方面展开。

（一）综合对比分析反映资产占用与总产值之间的关系

能够有效体现出这两者之间的关系的共有三个指标：流动资产的产值率、固定资产的产值率和全部资产的产值率。这三个指标能够体现资产在企业运转中的影响作用。从静态层面而言，这些指标能够体现各项资产的作用大小；从动态层面来说，这些指标能够体现一个企业的产值增长情况，具体包括各项资产的增长情况。

（二）综合对比分析反映资产占用与收入之间的关系

能够有效体现出这两者的关系的共有三个指标：流动资产的运转速率、固定资产的收入率以及所有资产的收入率。这些指标能够科学地反映各类资产的获利情况与运转效率。通过静态比较，体现各类资产的收入率差异；通过动态比较，体现各类资产之间的增长差距。

（三）将全部资产营运能力与全部资产盈利能力结合起来分析

通过这一分析可以有效掌握企业在获取利润方面的情况，且能得到盈利能力受产品经营状况和资产运营情况影响的结论。

$$资产经营盈利能力＝资产营运能力×产品经营盈利能力$$

$$总资产报酬率＝（总资产周转率×收入息税前利润率）×100\%$$

第四节　企业盈利能力多维度分析

所谓盈利能力，指的是一个企业在获取利润和收益方面的能力。利润可以说是企业领导者和董事会及股东最关注的核心问题，它直接决定了投资方的收入，同时也是债权人获取本金和利息的保证，能够有效反映企业管理者的经营效果与成就，决定着全体员工的福利待遇。所以，对一个企业的盈利能力进行深入的探讨分析显得非常关键，可以根据企业的资金利润率、成本费用利润率以及销售利润率展开探讨。

一、企业盈利能力分析的目的

对企业的盈利能力进行分析是企业财务分析工作中的重要内容，而企业进行财务分析主要是为了发现经营中存在的不足，从而健全企业的财务结构，增强企业的偿债能力等各项能力，进而使盈利能力也得到增强，推动企业平稳健康地发展。在对盈利能力进行探讨的过程中，利润率的分析处于首要位置。

（一）借助盈利能力的指标体现一个企业的管理成效

企业管理者的首要工作就是不断努力，通过各种途径去提高企业的利润收益。各类收入数目综合体现着企业的盈利状况，同时也代表管理者的工作成就。将自身企业的盈利能力指标与其他企业展开对比，由此评判管理者的绩效是高还是低。

（二）在盈利能力分析的过程中消除企业发展模式中的不足

盈利能力可以体现企业各个环节中的基本情况，企业的绩效高低会在盈利能力中得到反映。对企业的盈利能力展开分析，能够找出企业在经营中存在的不足，找到相应的策略弥补这些不足，以此增加企业的利润收入。

（三）不同占位的企业利益相关者都会关注企业盈利能力

就债权人而言，利润是一个企业能够按时偿还债款的基础，尤其在长期债款中最为明显。盈利能力的高低与企业偿还债款的能力相挂钩。企业举债经营时,债权人一定会对企业的偿债能力进行判断,而偿债能力是由企业的盈利水平决定的。所以,债权人往往也很重视企业的盈利能力。

就投资者来说,企业的盈利能力很关键。相比之下,比营运能力、财务基础还要重要。投资者的目标是获取利益,在投资时,他们会选择那些具备良好盈利能力的企业,目光会聚焦到企业的利润收益,同时还会关注利润率的变化,因为投资者自身的股份收益与被投资企业的盈利能力密切相关。此外,盈利能力的提高使得二级市场的投资人看好企业前景而买进股票致使股价上涨,增厚给投资人收益。

目前,我国的上市公司发展迅速、日新月异,但行业与产品同质化严重,竞争也日益激烈,同时受大周期性环境因素波动,股市市场很不稳定。所以,良好的盈利能力能够推动企业的稳定健康发展。就上市企业来说,财务分析的首要任务是分析上市企业的盈利水平,给相关者带去客观的数据参考。对于企业来说,开展经营活动的目的是通过最小的投入,获取最大的收益,确保企业持续稳定地发展,稳定发展与提高利润相辅相成。通过盈利能力分析,可以判断企业经营人员的业绩,便于发现问题,完善企业的管理模式。就企业管理者而言,最重要的工作就是采取各种手段去增加企业的利润收益。

二、企业盈利能力的分析

虽然通过对利润额进行分析能够反映企业财务收入的高低情况和原因,给改进企业管理模式提供依据,不过,因为利润额很容易被企业的规模和投资力度影响,所以规模差异会导致企业与企业之间无法进行比较;同时,也无法体现出企业在获取利润上的能力。所以,如果只对利润额进行分析还远远不够,应对利润率展开分析。

在对企业的盈利能力进行分析时可以按两个方面进行:一是企业一般盈利能力分析;二是股份公司税后利润分析。

(一)企业盈利能力一般分析

可以借助销售利润率、总资产利润率、股东权益利润率等指标去体现企业获取利润的能力。

1. 销售利润率

销售利润率,指的是用企业的总利润除以销售利润所得到的比值。这一比率可以体现员工的工作绩效。公式为:

$$销售利润率＝（利润总额÷销售收入净额）×100\%$$

这一比率越大，则代表着企业的创新程度越高，企业通过增加销量去获取更高的利润收益。

2. 成本费用利润率

成本费用利润率，指的是用企业的总利润除以总成本所得到的比值。这一比值能够体现发展过程中企业支出与收入间的联系。公式为：

$$成本费用利润率＝（利润总额÷成本费用总额）×100\%$$

得到的比率越大，代表着企业获得的利润越高，能够科学地反映企业的收支是否平衡。这一比率会受到销售规模、支出成本的影响。

3. 总资产利润率

总资产利润率，指的是用企业总利润除以资产平均总额所得到的比值，也被称之为资金利润率。这一比率能够体现企业资产的总体成就，影响债权人与相关利益者的收益。公式为：

$$总资产利润率＝（利润总量÷资产平均总额）×100\%$$

在该公式中，资产平均总额指的是企业年初资产总额的平均数以及年末资产总额的平均数。这一比值越大，代表着企业的资产得到了合理的配置，企业具备良好的获利能力，管理模式较为科学。

4. 资本金利润率和权益利润率

资本金利润率，指的是用企业的总利润除以总资本金所得到的比值，能够有效体现投资者的获利情况。公式为：

$$资本金利润率＝（利润总额÷资本金总额）×100\%$$

得到的比值越大，表明企业的资本金得到了合理的配置，反之则表明企业的资本金存在浪费等现象。

企业资本金与投资方的利润收益直接挂钩，所以投资者很注重资本金的相关情况。如果企业借助资本金去引入适量的负债资金，从而推动企业的运转，那么当财务杠杆原理的作用发挥出来时，资本金利润率也会提高，所得到的利润即使不是由资本金直接产生的，但却是在资本金的影响下所得到的。与此同时，它还能够体现出企业管理者的睿智，懂得借助其他资金渠道去提高企业的利润收入。相反，若企业承受过高的负债资金利息，从而导致资本金利润率下降，表明财务杠杆原理没有得到合理的利用。应注意的一点是，资本金指的是实际收回的资本，它包含了盈余公积、资本公积等，也都与所有者的利益相关。为了确保利益相关者能够及时掌握企业的盈利情况,对权益利润率进行分析也十分重要。

5. 股东权益利润率

股东权益利润率指的是用企业的总利润除以股东的平均权益所得到的比值。它能够体现投资者的收益情况。公式为:

$$股东权益利润率=(利润总额÷平均股东权益)×100\%$$

股东权益指的是股东在企业总资产中所具备的权益,它包含了资本公积、未分配利润、盈余公积以及实收资本。平均股东权益是指年初、年末的股东权益的平均数。这一比值越大,代表着投资者的利润收益越大,获取利润的能力越强。

权益利润率最大的特征就是综合性强,它包含了三个指标:总资产周转率、销售利润率以及总资产和净权益比率。这三个指标之间的联系可以用公式体现出来:

$$股东权益利润率=(总资产÷平均股东权益)$$

$$×(销售收入÷总资产)×(利润总额÷销售收入)$$

在这一公式中,利润额也可以根据税后利润进行计算,这样可以更加直观地体现出投资者的利润收益。

(二)股份公司税后利润分析

对股份公司的税后利润进行分析时,可以用到的指标因素非常多,最典型的就是每股股利、每股利润以及市盈率。

1. 每股利润

每股利润,指的是每股的税后利润。这里所提到的利润是指扣除税费后的利润,再减去优先股后的股利去除以股数,所得到的就是平均股利。公式为:

$$普通股每股利润=(税后利润-优先股股利)÷流通股数$$

2. 每股股利

每股股利的计算是用企业的总股利除以流通股数。

股利总额指的是普通股所提供的现金股利的总数,总股数则是企业所发行的股份总份数,公式为:

$$每股利润=股利总额÷总股数$$

每股股利是反映股份公司每一普通股获得股利多少的一个指标。企业的获利能力会对每股股利的高低产生影响，同时企业的股利制度以及利润去向也会对每股股利造成相应的影响。若企业为扩大生产规模而留下了很多股利，那么每股股利就会减少，反之就会增多。

3. 市盈率

市盈率指的是用每股股票的价格除以其利润所得到的比值，也叫做价格盈余比率。它能够有效体现股票的获利情况。公式为：

$$市盈率＝普通股每股市场价格÷普通股每股利润$$

计算结果比率越大，则表明企业在未来获取利润的可能性越大；反之，表明企业不具备良好的获利前景。投资者往往会先对企业的市盈率进行分析，然后再进行投资活动。市盈率过高，也意味着股票价格可能有"泡沫"。

三、盈利能力分析指标的局限性

利润表在体现财务信息时有不足处。目前，我国大部分企业的利润表都是以会计收益定义为前提而获得的业务绩效报告，已经完成的收益目标会被如实记录在报告文件中。如果市场物价波动较小、经济环境健康、风险因素减少，那么该利润表能够科学地体现出企业的利润收益情况。可是，由于市场环境不断发生改变，产品价格也一直处于不稳定的状态中，尤其是受20世纪80年代前后金融行业革新的影响，传统资产的作用逐渐与社会必要劳动时间不再相关。所以，将公允价值用作一种金融工具进行计算已经成为大势所趋，但是也存在一个疑惑：受公允价值的波动而造成的损失和收益是否应记录到收益表中。若不体现在收益表中，表明该收益表不具备全面性与可靠性，计算结果与实际情况存在一定的偏差，没有满足披露要求，最后导致会计信息可能存在不真实的情况。

第五节　企业发展能力多维度分析

所谓企业的发展能力，指的是企业在运转过程中，逐渐扩大自身规模和能量形成的竞争优势。企业发展能力衡量的核心是某价值增长率。影响企业平稳发展的因素具有多样性，如市场环境、企业管理模式等。

一、以价值衡量企业发展能力的分析思路

(一)企业发展能力衡量的核心是其价值增长率

用企业的净收益增长率去反映企业的价值变化,同时还可以体现企业的发展能力。

净收益增长率,指的是用本年的留存收益除以年初的资产总额减去负债后所得到的比值。

(二)净收益增长率的因素分析

$$净收益增长率=留存收益增加额÷年初净资产$$

$$=当年净利润×(1-股利支付比率)÷年初净资产$$

$$=年初净资产收益率×(1-股利支付比率)$$

$$=年初净资产收益率×留存比率$$

上述公式体现的是企业在不通过发行新权益资本去实现目标的背景下,将来的净收益与年初净资产、股利支付率之间的关系。

根据这个公式不难发现,企业的净收益受到净资产收益率与留存比率的影响。如果净资产收益率提高,其净收益增长率也会随之提高,留存比率也同样如此。

净资产收益的影响十分巨大,所以在日常操作过程中,得到以下扩展公式:

$$净收益增长率=年初净资产收益率×留存比率$$

$$=年初总资产净利率×(总资产÷净资产)×留存比率$$

$$=年初总资产周转率×销售净利率×年初权益乘数×留存比率$$

结合以上所说的,如果企业的其他方面都不发生变化,每年的增长速度为 g(g 是不断变化的),当企业的增长速度比 g 要快,那么该公式中的其他四个比率也会随着发生变化,即企业正在超速进步,就需要促进企业的运转效率,也就是提高企业的总资产周转率;还可以提高企业的销售净利率,通过完善企业的股利政策去提高经营效率。

例如,企业的留存比率为 0.5,销售净利率为 10%,资产周转率为 1,权益乘数为 2,此时的净收益增长率为 $1×10\%×2×0.5=10\%$;若企业的增长率必须超过 20%,可以通过调整股利比例,使留存比率提高到 1,也可以通过

改变权益乘数，将其提高到 4，或采取相关措施将总资产周转率提高到 2、销售净利率变为 20％。这些都是可以同时发生变化的。当然也需要认识到这些改变做起来并不是那么容易。

实际上，净收益增长率和事先预估的净收益增长率之间是存在一定的差距的，这是由于这四个比率的实际值和预估值不可能完全一致。如果预估的增长率小于实际的增长率，企业就会处于资金匮乏的状态中；如果预估增长率大于实际增长率，企业的资金就比较充足，也存在资金浪费的可能。

（三）评价

将净收益增长率放在中心位置对企业的发展能力进行探讨，最大的好处是各个分析因素和净收益之间是有些相关性的，具备坚实的理论基础；不足之处是净收益增长率不能直接用来反映企业的发展能力，企业的发展能力与净收益增长率相关，但二者并不存在决定关系，企业的发展步伐会对其净收益产生影响，这导致净收益并不能准确体现企业的发展能力。

二、以影响价值变动的因素衡量企业发展能力的思路

企业的销售利润、发展规模、资产配置、股利配置、净收益、净资产数量都会对企业的价值增长产生影响。

三、企业发展能力分析指标

（一）销售增长率

1. 什么是销售增长率

销售增长率，指的是用企业该年度的销售总增长额除以企业上一年的销售额。它能够体现出企业销售数量的变化，可以反映企业的发展能力。公式为：

$$销售增长率＝本年销售增长额÷上年销售额$$

$$＝（本年销售额－上年销售额）÷上年销售额$$

2. 销售增长率分析

（1）销售增长率可以反映一个企业的运营状态以及市场竞争能力，是用来评估企业是否具备良好经营的指标因素。

（2）销售增长率越高，说明企业的上升空间越大，具有良好的发展前景。

（3）关于销售增长率的探析。

由于销售额提高而导致资金需求扩大，可以采取这两种方法来解决：提高内部保留盈余;加大外部融资力度。若无法进行外部融资或者外部融资并不适用,就只能借助内部积累推动销售额的增加。

(二)可持续增长率

1. 可持续增长率的概念

企业的发展状况决定其生命长度,所以每个企业都必须解决销售增长问题。企业增长实际上是资金增长,当销售额增加时,企业应筹集更多的资金,这是由于销售额增加会导致库存增多、应收账款数目增多。因此,销售增长越大,则资金需求越大。

就资金来源而言,企业可以采取以下三种方法去推动企业增长。第一,将所有的重点都放在内部资金增长上。银行等金融机构出于借贷资金安全的考虑只对大型央企、国企提供借贷服务的时候,中小企业很难有别的正常途径获得资金帮助,这个时候就只能通过内部积累去推动企业增长,此类增长率叫作“内含增长率”。但是,内部资源总有消耗殆尽的一天,这个时候企业的发展就会处于瓶颈期,无法实现企业的持续健康发展。第二,以外部资金为主去推动企业增长。依靠外部资源主要指的是引入投资者进行投资和增加负债,以此来促进增长率的提高。长期以外部资金为主去推动增长也不合理,如增加负债很有可能导致企业面临无法按约定时间和利率偿还本金和利息从而导致财务危机的后果,对其未来筹资能力造成不利影响,最终企业可能会完全不具备借贷能力。吸引战略投资者或财务投资者,一方面会使企业的控制权话语权丧失,另一方面会使每股盈余被稀释。第三,均衡增长。均衡增长属于一种比较合理可靠的增长模式,指的是不改变财务结构、不考虑风险因素,根据股东的利润增长情况扩大借款力度,从而促进销售增长。

因此,可持续增长率指的是不发行新股但是要确保企业运行效率不下降且以相关目标为基础促进企业的销售增长。

2. 可持续增长率的计算

(1)根据期初股东权益计算可持续增长率

资产会给销售增长造成影响,而资金来源会给资产增长造成影响。以企业原本的运转速度和现行的会计制度为基础,股东权益会给资产增长造成影响。如果总资产运转率和资产负债率都没有变化,那么:

可持续增长率=资产增长率=净资产增长率(股东权益增长率)

=股东权益本期增加额÷期初股东权益

$$＝本期净利润×本期收益留存比率÷期初股东权益$$

$$＝期初净资产收益率×本期收益留存比率$$

$$＝期初总资产收益率×期初权益乘数$$

$$×本期收益留存比率＝期初总资产周转率$$

$$×本期销售净利率×期初权益乘数×本期收益留存比率$$

（2）根据期末股东权益计算的可持续增长率

通过期末与本期数额可以对企业的可持续增长率进行计算，期间不需要用到期初数，而增加负债以及提高股东收益是推动企业增长的主要渠道。

$$资产增加额＝股东权益增加额＋负债增加额$$

一个企业通过资产运行而获取利润的能力可以从可持续增长率中体现，且可持续增长率对企业的实力有着决定性作用。而到底应该选择"厚利少销"还是"薄利多销"，这是由企业经营特点决定的，需要考虑权益乘数与收益留存率。企业的发展速度与综合实力、承担风险的能力息息相关，所以，其并不需要去过多的纠结增长率问题。有一部分企业会因为增长太快而导致危机发生，还有一些企业会因为发展过于缓慢而被迫进行并购，这充分体现出增长速度对一个企业发展前景的不同影响。

第八章 财报原理及财报质量分析

第一节 判断财务报表质量的步骤

公司的经济活动经过会计处理,编制出财务报告。权责发生制下的资产负债表和利润表,受到较多人为的会计政策选择和会计估计判断的影响,而收付实现制下的现金流量表不受此影响,因此现金流量表的信息要比资产负债表和利润表的信息更加真实。企业粉饰(不是造假)财务报表往往主要是在会计准则允许的范围内调节资产负债表和利润表的数据,而很难调节现金流量表的数据。

在非财务专业人士的观念里,会计是非常严谨、科学的,报表中的每个数字都精确到小数点后面两位。其实,资产负债表和利润表中的数字也需要会计人员做出估计,比如固定资产折旧的年限和方法、应收账款坏账准备计提的方法和比例、存货跌价准备计提的金额等。正因为需要估计,因此会计又是一门艺术,最具艺术性的地方就是会计政策选择和会计估计判断。

会计政策选择和会计估计判断影响了财务报告信息的质量,需要我们对此进行分析,以提高后续财务指标分析的准确度。

一、确定主要会计政策

企业经过自身努力实现成功或者经营不善面临巨大挑战,很大程度是由其产业地位和发展战略决定的,在选择会计政策和进行会计估计时一定要基于企业的客观现实情况。

某些公司将主要的会计政策或会计估计略做调整,其财务指标可能就与其实际情况完全不一样了。因此,可以把资产负债表比喻为一张照片(因为资产负债表是时点数，是静态报表，又是反映企业财务状况全貌的报表）。它不是一般的写实照片，而是艺术照、美颜照。写实照片和艺术照、美颜照的差异有多大呢，这个差异可大可小，这取决于拍照片的目的。

例如，银行业成功的关键因素之一是利息和信贷风险的管理，因此商业银行的一个很重要的会计估计就是贷款损失准备金（拨备率）的计提。就沪深交易所的上市银行来看，不同银行间计提的比例是有差异的，而且差异还很大。银行板块虽然市盈率和市净率都比较低，但估值一直不高，股价也一直起不来，这与投资者无法清晰判断银行贷款的质量和贷款走向潜在的风险有比较大的关系。

又如，电脑、手机等电子产品行业中，库存管理是成功的关键因素；对一些高新技术企业来说，售后产品的维护情况的处理是关键所在，而相应的会计测定方法是产品保修费和保修维修准备金；对于石油、煤炭等矿藏资源类公司，资源储备量是该类公司的最主要资产，这些资产的会计确认与计量就是关键的会计政策；对于钢铁等大型资本密集型公司，固定资产的折旧方法和策略是非常重要的，因此在阅读大型钢铁公司（如沙钢股份、宝钢股份）的年度财务报告时，要特别关注其固定资产折旧的计提方法及其变化。

二、会计处理是否具有灵活性

经济实体在经营过程中都需要对会计政策进行取舍，涵盖了企业经营过程中的固定资产折旧方法分析、产品存货合理估价以及企业品牌效应估值区间等方面，例如在分析企业固定资产的折旧率时采用的分析方法不同，其最终结果也有着较大差异。企业的经营范围不同，其会计政策的选择范畴也相差甚远，某些特定企业面临着行业严格的政府规定，会计政策制约较多。

我国经过四十多年的经济高速发展，居民日常消费品从数量和种类上都已经极大的丰富，消费品市场竞争十分激烈，企业不仅要严格把关产品质量，还得投入大量资金进行各渠道的立体式宣传、扩大品牌效应和市场影响力，但根据相关会计政策的规定，全部的宣传成本都要纳入企业当期销售费用进而影响当期企业损益。银行的信贷管理风险评估机制却十分主观化，全靠会计的经验进行判断。如此种种，造成在了解会计对象的经营情况时，会计数据失去了市场指导价值，无法直接根据数据信息进行收益评估。因此，结合实际情况综合分析会计政策具有十分重要的意义。

会计灵活性还跟行业特征有关系。例如，一些农业企业经营资产的核查和估价在现实生活中的操作性问题。当年中国资本市场上"赫赫有名"的湖北洪湖＊田股份财务数据被质疑，有人在分析＊田股份的存货后，开玩笑说："如果＊田股份的存货——养在洪湖里的鱼和乌龟是真的，那＊田股份甚至整个洪湖的养殖池里就全是鱼和乌龟，一点儿水都没有了。"注册会计师审计的时候，根本无法对＊田股份的存货进行盘点。还有那个声称鲍鱼和扇贝被百年一遇的大水冲走的＊岛公司，那些存货没有一个人真正看到过。＊＊港集团曾经被处罚，因为虚增了2个亿的利润，同时虚增了2个亿的固定资产。该集团告诉前去采访的记者说虚增的固定资产在港口的海水下面，这个不太容易被证实。

三、会计政策使用是否合理

针对同一经济业务，个别公司的政策选择与市场上同类型公司的常规操作有着较大差异，可能出现的一个原因是公司发展战略不同。比如，该公司在产品研发项目上投入资金较少，却又总是取得较好的经营业绩。一种解释是企业拥有独特的技术和条件（如茅台，茅台镇上赤水河的水质与别的地方的差别），但有些公司可能高估了自己独有技术的壁垒。虽然目前竞争处于较有利的地位，但壁垒被打破和被超越时（如诺基亚手机的辉煌与落败），利润率断崖式下降的风险很大，特别是更新率较高的电子行业。还有一种解释，即企业有意把相关费用隐瞒和抬高（这个另当别论），出于特殊目的虚增和压低利润。

公司管理层进行会计政策选择、采用特定处理模式的目的是什么？这是需要关注其用意的。与以前的处理模式相比较，企业的会计核算方法是否进行了变更，是否具备变更的现实原因，是否企业有战略转型和产品更新换代的需要，此类变更会导致哪些结果。以保修费为例，其支出金额的减少是否意味着企业产品质量的提升或工艺技术的提升。

另外，公司的会计估计以前执行得怎么样，是否为达到一定的会计目的而把经营业务项目结构调整，商誉由费用化处理改为资本化处理，合并报表中对关联企业投资的计量方法做了改变等。例如，有些企业的中期报告和年度报告相差万里，中期预报盈利几个亿，年度报告出来是亏损十几个亿。有些企业老总为了自己的事业前途，到年终就做变卖公司资产的游戏，以"做"到一定的利润为目的。

四、信息披露的详细程度是否适宜

按照现行企业会计准则的规定,财务报告只需要反映和说明企业最基本的财务状况和经营现状,企业相对来说操作空间很大,因此财务报告的内容能在一定程度上反映企业的会计处理水平。在对财务报告进行评估考量时,可以从以下几个方面入手:财务报告上的数据信息是否能反映公司的经营模式和财务状况,财务报告是否列明了选择适用的会计政策和资金流转情况,财务报表是否详细说明了目前的企业现状。倘若企业盈利减少,其原因是产品质量下降抑或同行业企业的崛起等。如果加大了市场营销经费投入,其原因是企业定位和发展战略进行了调整,抑或品牌效应的助推。

倘若企业管理者碍于会计准则的规定不得不在一定程度上披露经营之实际情形,那么相关人士是否可以根据财务报告上的数据信息知道更多方面的内容。比方说,当生产商开始注重商品质量和服务水平,开始引进专业技术人才,且增加企业效益的可能性极大,根据相关规定此类财务支出是不能资本化的,那么报告是否会选择对以上情况进行解释。

报告内容是否有关于企业当下面临市场挑战的内容,问题出现的原因是什么,面对这些困难,企业的管理模式是否会发生转变,又会出台怎样的措施,这些因素都是在对一个财务报告质量进行考量时必须思考的问题。

五、潜在的危险信号是否有所察觉

根据上文的论述,审核人员在核查时应当重点查看对会计质量产生影响的关键性内容即危险信号,包括以下几个方面。

(一)会计政策的突然变更

在企业发展出现问题时,这种情况特别要引起重视,因为很大程度上企业会选择最佳的核算处理办法来掩盖财务问题。

虽然企业交易量变大,但应收账款(应收票据)和产品库存也大幅提升。按照市场营销理论,此种情况的出现很大程度上可能是因为企业改变了交易模式,虽然交易量扩增,但企业潜在的交易风险也在变大,容易产生死账、呆账的问题,如此大的应收金额如果遇上购货公司出现因为经营风险而无法偿还货款的可能性时将会遭遇极大的损失。另外,产品库存的急速扩张可分为成品库存和半成品库存来具体分析。首先是成品库存问题,如果企业的成品库存极速增加,在一定程度上就意味着市场需求量的缩减,供过于求,企业后续可能还会面临降价出售甚至以低于成本的价格出售的情况。另外半成品库存增加的原因要结合产品原料的采购情况和产品的生产情况综合考量,一种情况是原材料采购力度变大,生产效率没变,一线生产加大引起半成品库存增加;另一种情况是原料采购力度没变,生产效率变低。

企业的财务状况变化较大。按照现实中企业的操作常态,应收应付制下会计数据与现金流量和税务收支不同步是普遍现象。但是如果企业长期采用的会计核算方式不发生改变,三者间的联系一般都是稳定的。倘若该平衡被打破,一定程度上代表了企业政策的改变。以建筑工程为例,某家建筑施工企业一般是根据完工的比例确认收入和成本,如果其突然适用一种激进模式,使得企业营业额阶段性提升,尽管利润扩张,可企业流动资金情况没有发生改变,应质疑其财务数据的真实性。倘若一个经济实体的流动资金始终比净利润少,说明企业内部存在一定数量的虚拟资产充当了经营利润,却无法表现为货币增加转化为企业的流动资金链。如果这种情况长期存在,就意味着企业内部存在造假现象。

(二)不在年限计划内的资产大规模报废

企业固定资产的报废时间在开始使用时已经设计好了,如果更改折旧方式需提前一年报备,出现非正常的大规模报废,往往意味着企业想掩盖某些现状,或者出于当年财务目的改变的意图。

(三)不同于中期报告的内容,年度报告的数据信息发生较大变化

由于两者的监管程度不同,年度报告需经过审计,中期只是形式检查。倘若企业没有结合实际情况出具合适的中期报告,出具年终报告是肯定要进行数据的调整,而这也说明了中期报告的企业无以言说的特殊目的。

(四)不符合商业规律的内部交易

简单来讲,企业会为了更好地修饰会计报告而进行内部交易,此种财务模式是不符合财务规则的。一般来说,此种企业的股市表现会低于同行业的平均水平,这是由商业规则决定的,并不是无理由的。

(五)管理层群体的多次跳槽

一般一家企业的高级管理阶层都是相对稳定的,不会轻易调换工作,若屡次出现人事变更,意味着企业内部可能存在重大问题或者局外人无法察觉的风险。

（六）股价变动较大，相关内部人士不断降低持股比例

内部人士大规模抛售企业股票的行为一定要高度重视，表明最了解企业经营状况的内部人员都不看好自己的企业，很大可能是企业发展面临困境。

（七）频繁的资产重组和剥离、股权转让

一个经营良好的企业一定是一个经营模式、经营管理层较为稳定的企业，生产制造类公司更看重这一点，不会轻易进行资本的反复活动。如企业一定时限内多次进行频繁的资本操作，一般意味着该企业发展面临很大困境。

六、会计数据及信息偏颇是否消除

因为财务报告的操作空间很大，相关"真实信息"可能被修饰、被美颜，对财务报告进行分析时，一定要重构审核体系认真核查。在对报告进行审核时，一定要注意现金流量表和财务报表附注，因为它们记录了某一经济实体在一定时间段内现金和现金等价物流转情况。倘若管理人员将企业生产经营过程中的某一项费用支出进行资本化操作，其势必会在现金流量表中留下痕迹。抑或，经济业务适用的核算方法发生变化，则可参考报表附注来思考其带来的联动效果。

特殊的会计政策选择并不意味着存在问题。基于企业经营业务范围的特殊性和企业发展现状，企业在进行数据核算时可能会适用特殊化的操作方法以保证财务报告符合相关规定并能够更好地说明目前企业发展现状、战略目标和实施政策。因此在分析财务报告时应当全方位多角度结合企业实际情况综合分析。

对会计报告进行分析时，不能一概而论。如果报告的内容变更，其可能是由多种原因造成的。比方说，上文介绍过的产品原料存货非常态化减少，却可能表明企业改良了生产工艺，生产效率提升，也可能是因为企业原料采购部门的效率降低，采购的产品原料总额变少。

综上所述，对财务报告进行审核研究时，一定要多维度地思考可能导致某一现象产生的全部原因，并结合财务报表上数据信息进行核查分析。如果遇到上述危险信号而没有合理的解释，就需要做更多的分析以判断财务报告的真实性，如同行业竞争对手比较分析、税务数据分析、工商部门的数据比对、行业协会统计数据比较、货运部门及海关的数据核对、水表电表煤气表等耗用数据验证等。

第二节　防范财务报告舞弊的基本方法

一、财务舞弊的识别

财务舞弊事件早在 20 世纪末期就层出不穷,引起过各界人士广泛讨论和相关学者研究。美国相关监管部门于 1977 年 1 月发布了第 16 号审计准则公告《独立审计师发现错误和舞弊的责任》,进一步确定了"财务舞弊"的内涵,即为了欺骗社会公众,在报告中有目的性地错报或者漏报数字信息或者财务报表附注。

(一)财务舞弊的识别——会计报表角度

1. 虚拟资产识别

识别财务舞弊时,对虚拟资产进行核算显得尤为重要。由于虚拟资产的估价主观性强、随意性大,有些企业会利用会计政策对无形资产在一定期间内以分期的形式转为费用,抵消该期间的经营利润,并相应抵扣企业需要缴纳的企业所得税。因此,倘若一个企业对虚拟资产核算适用政策和处理方式较之以往发生了改变,且无理由地资产比例变大,此现象是非常不符合市场常态的,很大程度上产生了财务舞弊问题。

2. 应收款项识别

在企业的日常经营中不可避免地会出现各种债权债务,应收账款是企业重要的一项债权表现形式,它的核心内涵为经济实体目前所拥有的可在将来获得某种利益的权益。正确识别应收账款能够发现影响公司的经营利润数额,因为实践中经常存在企业通过各种财务操作和会计手段虚增应收账款以便在报告中增加期间净利润。也有虚设交易活动,以非实际交易背景签订虚假的购销合同以虚增营业收入,造成企业资产总额的虚夸,影响了投资人和债权人的真实判断。另外,在对财务报告进行核查时,应当注意是否存在呆账和死账,以三年为区分,周期三年以上的应收账款是企业无法收回的或者收回可能性极小。

3. 费用识别

按照市场经济规律,企业的营业额和产品成本费用一般为联动关系,企业的营业额越大,销售的产品数量越多,其成本和资本投入总额越大。虽然可能存在由于产品生产总额极大增加，员工的生产熟练度提升，生产效率加快，平均单位产品费用降低，但总体来说生产总投入是根据生产产品数量进行扩张的。很多公司常规的舞弊现象是企业面临发展困难而又想掩盖事实希望在公众眼里还是一个好企业时，生产规模没有发生改变，但产品费用大幅度减少，这是不符合市场客观规律的，需要谨慎对待。另外，如果财务报告中出现坏账准备金下调情况时，要综合企业实际发展情况进行考量，由于企业经营中经常会存在应收账款无法收回的情况，根据相关规定，企业必须预估坏账比例，由于此比例完全由企业自己设置，操作空间大，极易发生舞弊行为。

(二)财务舞弊的识别——生产经营角度

1. 不符合业界常态的高额利润

21世纪是经济大融合的时期，由于互联网信息技术的发展，企业之间的技术壁垒越来越少，同一个业务范围内各企业生产工艺流程差别不大，新技术模仿也很便利，产品成本和售价相差不多，产业利润率基本是透明的。如果一家企业其生产成本远远低于行业标准，创造的营业利润却长期居高不下，在一定程度上意味着公司管理人员编造了虚假数据。以＊＊电子舞弊案为例，其事发前每年公司业绩和股价都呈现连年翻番的快速增长现象，远远高于行业发展常态，这是一种极不正常的现象，预示着数据作假和财务舞弊的发生。

2. 企业的生产规模与现实条件不符

按照正常的生产规律，企业的生产规模和企业的生产设施配置、职工数量一般呈现正相关关系，企业生产设施配置越完善，雇佣的职工人数越多，其生产规模越大。如果与业内常态相比，其生产规模和企业发展现状并不吻合，在审查该企业财务报告时必须要慎重对待，很大程度上会存在数据作假和财务舞弊的现象。以"＊＊夏财务造假事件"为例，按照当年该公司的硬件条件和软件条件，其所宣传的生产规模和产品价格都是不符合市场客观规律的，甚至是相悖的。同样的生产条件，几乎一样的生产工艺，其创造的收益却远远高于其他企业，而且这种情况还能持续很长时间，这种反常现象必定预示着严重造假行为，审查人员需慎重对待、仔细分析。

3."独裁者"现象

仔细分析上文提及的"＊＊电子舞弊案"和"＊＊＊财务造假事件"，财务人员会发现此类不合常理的数据造假、创造虚假收益的案例都会存在着一个独裁者。在这种情况下,公司基本为一人掌控,管理模式设置十分不合理、不科学,除独裁者外其他管理人员只是占据了一个形式上的行政职务,并无任何权限,当企业经营发生问题时,独裁者往往会为了保护自身利益,进行违法操作,却无人制止。此种经营模式是非常不利于企业生存发展的。

二、财务舞弊成因分析

(一)财务舞弊的内部成因分析

1. 利益驱动

虽然不同公司的服务宗旨不同,提供的服务也有着较大的差异,但其成立的最终目的和本质追求即为利润最大化,企业为了利润最大化可以做出很多违背制度和规则的事情。正如一位世界名人所形容的那样:"如果有10％的利润,它就保证到处被使用;有20％的利润,它就活跃起来;有50％的利润,它就铤而走险;为了100％的利润,它就敢践踏一切人间法律;有300％的利润,它就敢犯任何罪行,甚至绞首的危险。"目前世界各国的管理部门和相关机构不断深化监管机制,提升管理水平,要求企业聘用第三方独立审计机构专业审查人员进行年度财务报告审计,但企业数据作假的事件却依然无法杜绝,最本质的客观现实是大额利益诱惑。目前虽然互联网信息技术的发展进一步消除了信息壁垒,人们能够通过多种途径方式了解企业信息,但人们能够获得的信息都是企业自愿公开的。消费者和投资者面对企业时,天然居于弱势地位,掌握的信息有限,无法了解真正的企业经营状况从而做出正确的抉择,尤其是涉及财务方面。很多企业会特别聘用专业的财务会计师,采用多样化的会计方式和报表编写手段对财务报告进行"装饰",进行财务报表造假,甚至还会故意错报和漏报很多重要信息,以此来增加企业年度利润和资产总额,吸引社会大众进行投资。企业经营过程中遇到的困难越多,创造的利润不如预期估计,越有可能发生此种情况。公司管理人员为了保证自身利益不受企业发展现状的干扰,常常会进行数据造假,编造虚假的财务报告来欺骗社会大众。

2. 信息不对称

在现代经济社会,股份制公司管理层通过披露会计信息向股东报告公司的营运管理的有关情况,这样一来,很容易出现信息不对称的问题。主要是因为管理层作为企业的实际经营者,对公司的真实情况有所掌握,管理层通过披露会计信息向股东报告公司的营运管理的情况时,为了追求自身的利益最大化,会有选择的披露对自己有利的信息;股东通过阅读管理层提交的经过粉饰后的财务信息,不了解公司的真实情况,信息不对称的现象便由此产生了。

3. 公司进行财务舞弊的高获益与低成本性

按照经济学关于理性经济人的假设,一个人在做出一项决策时,会充分考虑做出这项决策所需要付出的成本和这项决策实施过后所能够获得的收益,公司管理层也一样如此。财务舞弊是属于经济生活中常见的一种违规甚至违法行为,财务舞弊行为的代价和收益存在着明显的不对称,具体来说是财务舞弊会给企业带来非常大的收益。但是财务舞弊的现象一旦被拆穿,监管者对企业的处罚力度却不是很大,有时候仅仅只是命令企业做出相应的整改而已。这样一来,管理层进行财务舞弊行为的可能性便大大升高了。

4. 股东大会由大股东掌控,中小股东的作用几乎完全丧失

中国上市公司有一个特征就是股权有着很高的集中性,这种特征是在上市公司从计划经济向市场经济转型的过程中形成的。股东大会中有着"一股一票"的原则,这样一来,由于股权高度集中,大股东们会一起对股东大会实施操纵,使得股东大会的决策结果符合他们的利益,侵占中小股东的利益。

5. 内部控制职能弱化

内部控制对防止财务舞弊行为的出现有着重大的意义,同时也是公司内部管理的一个重要部分。高质量的内部控制制度对于一个公司的诚信来说是极其重要的。而现实情况是,如今的大多数公司的内部控制不够完善,内控成员班子和财务成员班子往往是一拨人,一个班子两块牌子,内部控制毫无独立性可言,甚至可以说是存在着很大的缺陷,这意味着公司自身缺乏识别和防范财务舞弊行为的自我约束机制。举个例子来说,有些企业存在董事长和总经理两职合一的情况,企业人事管理不规范,裙带关系严重,内部控制制度无法得到有效地实行;另外有些公司虽然具有一整套内部控制制度,但是形同虚设,没有执行能力也没有执行权力,没有起到作用。

(二)财务舞弊的外部成因分析

1. 市场竞争的压力

在现代社会,企业与企业之间的竞争异常激烈,上市企业如果想要在激烈的市场竞争中存活下去,一般来说需要从两个方面努力:一是加强自身产品的产品质量,二是扩大自身的生产规模,这两方面都对资金有着很大的需

求。当前证券等资本市场迅猛发展的情况下,发行股票成了大多数企业所选择的融资方式,因为发行股票比较能够容易吸引到投资者,且与发行债券相比不用考虑后期的还本付息。而优秀的盈利水平和亮眼的经营业绩无疑是能够使得投资者向企业注资的最好的筹码。这样的情况下,为了缓解自身的竞争压力和吸引资金和投资人的关注,不少管理者会通过粉饰报表来虚增利润,使市场对公司的估值提高,公司估值的提高会使得公司得到众多投资者的青睐,公司的融资需求比较容易得到满足。从这个角度来说,愈演愈烈的市场竞争压力也在一定程度上助长了企业的财务舞弊行为。

2. 注册会计师审计的独立性严重缺失

社会对企业的监督有很多方面,其中的一个重要方面便是第三方独立注册会计师审计,它在一定程度上保证了信息公平和会计信息的质量。注册会计师的审计工作过程中有一项重要的原创便是独立性原则,独立性原则是指注册会计师与被审计单位之间不能存在任何利益瓜葛,独立性原则有利于注册会计师在工作过程中保持不偏不倚的工作态度,独立审慎地做出职业判断,客观的编制审计报告。而在当今的社会中,会计师事务所之间的竞争也日趋激烈,作为单独核算、自担风险的单位,会计师事务所也需要自发地去寻找和挖掘潜在客户,扩大自身的市场规模,这便导致被审计单位在市场中处于供方高点,占据优势地位。会计师事务所在进行业务承接时,不可避免地会考虑被审计单位的立场和诉求,权衡付出与回报的问题。这样一来,注册会计师和被审计单位互相勾结的情形便会出现,注册会计师会对审计过程中发现的财务造假等问题进行包庇而不予披露,在明显有财务问题的情况下出具无保留意见的审计报告,误导了社会投资人。从这个角度来说,注册会计师审计独立性的缺失和故意作假也是财务舞弊行为频繁发生的一个主要原因。

三、财务舞弊的治理措施

(一)加强公司内部管理制度建设

一般来说,企业所拥有的各项工作制度以及其企业文化对内部员工的工作状态和工作质量是有一定影响的。如果一家公司的各项规章制度都非常的完善,企业文化也是把诚信放在很重要的位置上,一定会促进公司健康发展,也能够有效地防范财务舞弊情况的发生。《中华人民共和国会计法》《中华人民共和国证券法》《中华人民共和国公司法》等法律能够有效地指导企业规章制度的制定,企业应该根据这些法律,同时考虑自身的发展状况,制定出一套适合自身发展的财会制度。企业应该建立完善并且独立的内部控制体系,特别需要强调的是内部控制体系和内部审计体系是两个独立的部门(很多企业设立了内部控制部门就取消了内部审计部门,或者一个部门、一套班子挂两块牌子),它们各自的工作范围有不同,充分发挥内部控制能够起到监督的作用。企业还应该对奖惩制度有所重视,制定内部控制细则和内控工作人员的工作章程,对于违背内控制度和细则的内控及相关人员按照规定给予相应的惩罚;只有严格执行奖惩制度,才能让公司员工知道该做什么以及不该做什么,才能进一步使得内控人员及相关部门人员以一个端正的态度来对待自己的工作。总体来说,完善的内部控制管理制度的建设对于企业诚信文化的形成与巩固具有非常重要的作用,对于防止财务舞弊行为的发生也具有重要意义。

(二)健全企业内部治理结构

1. 完善股东大会决策机制

企业有许多决策机构,股东大会在决策机构中占有重要的地位。中国股东大会有一个特征就是股权有着很高的集中性,股东大会主要是"大股东大会",股东大会上还出现过董事会秘书质疑公司"小股东"。据中国网财经2019年5月14日讯,5月13日晚间,参加当日股东会的一位小股东爆料称,＊瑞医疗董秘李＊＊在股东会上怼小股东,发表了多段不当言论。5月14日早间,李＊＊发表道歉信称自己是 A 股资本市场新兵。资料显示,80后李＊＊已在公司从事高管10余年。5月13日晚间,一位参加了当日股东会的小股东在雪球发帖表示,当天＊瑞医疗的股东会,董秘李＊＊当着30多位参会的现场股东,发表了非常不合适的言论,如称呼小股东为"你们散户",还表示"今天有好多股东,只有 100 股,也来参加股东大会,不知是何居心"。据该位小股东表示,李＊＊还多次阻挠其他到场高管与股东们的交流,并提前终止了现场交流。类似这些事件的发生表明我国上市公司尚未真正明白股东基于公司的责任和权利,股东管理机制还存在一定的缺陷,需要进行完善。可以从以下两个方面来完善股东大会的决策机制:第一,降低企业股权的集中性,加强企业股权的多元化,比如可以增加性质多样的股东。企业股权的多元化一旦增强,将会减少没有现代企业管理意识的大股东控股的个别情况出现,企业董事会的决策权可以互相牵制,将会更加的公平、客观。第二,加强对大股东表决权的合理控制,我国大股东往往会利用"一股一票"

的原则对股东大会实施操纵,使得股东大会的决策结果符合他们的利益,侵占中小股东的利益。因此,"一股一票"的原则并不十分科学,有关部门可以对此规定做出改变,不论股东的持股比例是多少,都不能一股独大,应该设定表决权的上限,国外对此的规定是20%,我国可以对国外的制度进行一定程度的借鉴。这些解决方法能够避免大股东利用股东大会追逐自身利益,保证中小股东的合理权益。所以,完善股东大会的决策机制能够很好地防止财务舞弊现象的发生。

2.建立有效的监事会制度

监事会的存在是为了保证企业的经济活动能够合理合法的运行,但目前的情况是我国上市企业的监事会制度大多数情况下都没有得到有效的实行。对于这种情况,应该致力于提高监事会的职能作用,进一步加强监事会成员的选择机制,提高监事会的独立性,以及监事会对公司的监督权力。总而言之,有效的监事会制度能够在一定程度上避免财务舞弊行为的发生。

(三)加强注册会计师审计的独立性

注册会计师审计是社会对公司进行监督的一个重要组成部分,就目前来看,我国注册会计师审计的独立性较为缺乏,针对这种情况,监管部门应该通过有效地措施来提高我国注册会计师审计的独立性。具体来说可以从以下两个方面做出努力:第一,监管部门应该努力采取措施使得会计师事务所和被审单位之间能够真正实现经济上的相互独立,监管部门可以实施业务委派制度,即会计师事务所的业务是通过监管部门直接委派获得,不用亲自去承接业务,公司将审计费用交给监管部门,审计完成后由监管部门审核后转交给事务所。这样,会计师事务所和被审单位能够实现真正的经济上的相互独立,在一定程度上能够使得审计的独立性有所增强,从而审计的报告质量也会有所提高。第二,监管部门对于违规违纪的审计工作人员应该增强惩罚力度,对于出具虚假的审计报告的审计师,监管部门应该对其严惩,触犯法律法规的应取消审计资格和收回注册会计师资格证书,提高审计人员的犯错成本及违规后果。总而言之,监管部门应该着力提高注册会计师审计的独立性,使其成为防止财务舞弊行为发生的吹哨人。

(四)加强对会计从业人员的职业道德建设和业务素养培训

随着社会的发展及经济转型的需求,我国会计从业人员的人数有了显著的增长,但是也有部分职业道德及专业素养没有达到标准的人员进入了会计从业的队伍。正因为如此,具有较高水平的会计从业人员是防止财务舞弊行为发生的一个有效保证。对会计从业人员进行考核时，一方面要对其会计业务知识的掌握程度及财务规则的解读和应用能力进行考核，另一方面更要对其职业道德素养进行考核。某种程度上来说，专业知识的匮乏可以通过后天的努力学习和实际操练来进行弥补，而会计从业人员职业道德素养的缺乏及道德品质的低下对于公司来说是一个定时炸弹，将严重影响公司财务信息的真实性和准确性，也会在社会中造成公司不良的财务形象。特别是在当今社会树立人人诚信的时代，微观层面上会影响公司未来的销售市场和融资渠道，宏观层面上会影响整个社会的诚信建设。管理者应该认识到对会计从业人员进行定期培训的重要性，常态化组织会计从业人员的职业道德和专业技能培训活动、定期考核，旨在增强会计从业人员的专业能力与职业素养。简而言之，双高素质（高职业道德和高专业技能）的会计从业人员队伍是应对财务舞弊行为的一个有效防范。

第九章　财务报告与公司战略制定的关系

公司战略本身与报表有什么联系？战略怎么制定,没有战略会怎么样？没有哪个企业是没有战略的,战略是融到骨髓中和导向目标中的。企业家见面聊什么？最近产品好卖吗？最近货走的怎么样？债收的回来吗？宏观政策对我们有什么影响？一个是资金问题,一个是营销问题,还有一个是财务管理问题。战略的重要在于其导向,股东设立企业的时候,他在想什么？一定是一个战略问题,为了实现这个战略目标,需要资源基础。

战略实施的资源基础:静态包括现有的资源结构、资源的规模;动态是指一段时期,资源流出量的一种关系,例如母公司现金流量表中的现金流出量。

第一节　行业选择和竞争策略决策

一、企业战略的特征

"战略"一词最早是军事方面的概念。"战略"的特征是发现智谋的纲领。在西方,"战略"寓意为军事将领、地方行政长官。后来演变成军事术语,指军事将领指挥军队作战的谋略。"战略"一般是指具有全局性、宏观性、长期性与基本性等四个特征,相对应的战术一般是指具有局部性、微观性、短期性与具体性这四个特征。商场如战场,制定一个好的企业战略是一个企业取得成功的前提条件之一,一个好的企业战略在利用内外部优势环境的情况下,有效地整合企业内外部的资源,帮助其实现长期目标。

企业财务战略是指为实现企业整体战略和谋求资金需要、提高竞争能力,以此分析影响企业的内外环境因素;重点分析资金变化等财务活动的影响,对企业资金进行整体性、长期性与创造性的谋划,并确保其执行的过程。

企业财务战略作为企业战略里的一个重要组成部分,一方面它具有前面所说的战略的四个基本特性,另一方面它具有自身的特殊性。它的特殊性表现在财务战略重点关注的是公司的资金状况,即它的核心是关注公司的资金流。企业的资金流是非常重要的,如果把企业比作一个人,资金流就相当于不断流动的血液,一旦资金流出现了问题,企业的生命也会受到威胁。美国通用电气公司前CEO韦尔奇认为现金流是一个企业的命脉,对于企业的生存来说至关重要。无独有偶,海尔公司CEO张瑞敏曾经发表过这样的言论,他认为在如今的市场经济环境下,现金流量指标已经代替资产负债率指标成为衡量一个公司的重要指标了。英雄所见略同,宝洁公司前CEO德克将现金流比作人体中不可缺少的氧气。从以上的叙述中可以看出现金流已经成为一个很重要的对企业经营质量评价的焦点,从前人们关注企业的利润,现在人们更多的是关注企业的现金流。从这个角度来说,我们在制定企业的财务战略时,要尽量使企业的现金流出量与现金流入量配比合理,如果一旦企业的现金流出量与现金流入量量比失衡,企业的正常运营与发展都将会出现问题。企业财务战略作为企业总体战略的一个重要组成部分,它的目标是为了保证企业的现金流入和流出能够在长期内实现合理的量配比,保证现金流的有效流动,致力于促进企业资金价值的增值。在上述对财务战略进行有效分析的基础上,企业的财务战略的着眼点在于对企业的现金流有一个长期性、整体性、基本性与创造性的规划。企业所有的有关财务的决策以及制度的制定都应该以财务战略作为总指导。

(一)企业战略具有长期性

可持续的长期性是公司战略计划在时间上的特点,公司企业的战略计划需要有可持续性和相同目标及发展的清晰路线。由于公司企业设计战略计划是建立在有效协调和整合公司企业内部资源的基础上,因而每个公司企业的战略计划从时间状态的层面上必须有很强的稳定性。

(二)企业战略要具有整体性与宏观性

设计公司企业战略计划是通过宏观管理和企业整体规划,制定设计和实施战略的流程里,需要不同部门之间的沟通,上下各级相互之间的协调,员工的意见一致。高效的计划和整合公司企业内的所有资源,才能达成公司企业战略计划的宏观性和整体性。

(三)企业战略要具有适应性与创造性

公司企业设计的战略是基于对内部和外部环境的深刻解析,基于以后环境转变趋势的假设,在以假设性为基础为公司企业设计一致的前进方向和前进步伐,所以公司企业的战略有着非常强的适应性,能够及时适应将来环境的转变。创造性是一种独特的特点,反映了企业战略内在的重要性和企业发展的内生动力,创造性是公司企业战略的核心。

(四)企业战略具有基本性

公司制定的企业战略应该是引导企业未来发展的基础性建设,彰显公司企业战略设计的出发点和应达成的目标。公司企业战略以企业内部和外部环境的现实为基础,将现有的资源和因素放在一起进行合理的融合,以更高更远的视角多维度设计企业战略。例如,我国优秀制造业代表美的集团从生产品类到品牌建立,从自主研发到收购国外行业领头企业,从国内市场占有率提升到国际市场开发,整体的战略计划反映了公司企业战略的这些基本特点:完整性、持久性、创新性等。

(五)财务战略具有相对独立性

公司企业的战略计划具有整体性,包含各职能层面的次级战略。作为公司企业内的一个次级战略,财务次级战略与其他次级战略有不同的需要解决问题的内容和方式,具有相应的独立性。

(六)财务战略具有从属性

作为公司企业战略体系内的一个次级体系,财务战略必须满足并反映公司企业战略计划的整体需求,财务战略必须同公司企业的战略方向相同,而且需要为成功执行该战略提供财务支撑。

(七)财务战略对象的特殊性

公司企业财务战略关注的焦点是资金及资金的动态变化。基于财务战略的特点,财务部门需要很好的协调利益与风险的冲突、利益与增长的冲突、收益与债务偿还的冲突、生产业务与资本之间的冲突等。

二、公司企业战略与企业财务战略的关系

公司企业的战略计划包含了很多方面,如营销、品牌、财务、人才、技术、发展、资源等。财务战略一般可以划分为营运战略、筹资战略、投资战略、收益分配战略等。对企业所属行业的分析和企业竞争战略分析是财务报表分析者开始一系列财务分析之前必不可少的工作,反过来,财务报表又是评估企业经营状况的有力佐证。这是因为,一方面,企业的经营状况都会反映在财务报表上;另一方面,行业分析与竞争战略分析又是企业财务报表分析的

基础和出发点，是分析企业财务状况的背景。

(一)财务报表是企业经营状况的反映

财务报表是企业最重要的经济文件之一，它是对企业经营状况的全面反映。及时掌握企业的财务状况，是做出正确决策的首要前提，财务报表分析是企业管理分析、经营分析的基础。

通过财务报表分析，债权人关注企业现有资源和未来现金流量的可靠性、及时性和稳定性，关心的是他们借入资金的安全性。投资人关注的有两方面，一方面是公司企业现在和以后的收入以及可能获得的利益，今后能否得到股息；另一方面是资本收益，公司企业的发展中得到收益，股票市场价格变化，也就是投资人都想获得所谓的戴维斯双击，赚取企业发放的股息和企业本身发展的红利。管理人员的待遇和名誉一般与公司企业的收益、增长前景、金融安全等密不可分，所以他们往往运用现有的会计和财务数据来剖析公司企业的财务情况、获益能力和发展机会。

(二)行业和竞争战略分析是财务报表分析的基础

优秀的财务分析人员可以从企业公开的财务报表中分析、提取企业管理的内部信息，但是仅仅对财务报表(报告)分析还是远远不够的，财务报表分析者还需从行业和企业竞争战略入手，获取企业发展的背景信息。

首先，各个行业竞争力度、产品特点、技术水平、发展路线都不一样，不同行业的经济特点可能以各种各样的方式影响到公司企业财务报告数字间的内在联系，在比较长的时间里影响企业收益能力和风险防范能力。因此，单纯地采用财务报表指标分析可能无法反映方方面面真实的情况，不利于报表阅读者更好地了解企业的真实情况。

其次，企业的盈利水平除了受行业因素的影响外，也受企业经营战略决策的影响。企业如果想要在今后长时间里持续收益，必须很好地制定、执行并落实经竞战略计划，打造核心竞争力，创造企业优秀的价值高地。

再次，若财务报表分析者在进行财务数据分析前没有对企业所采取的竞争战略方式进行分析，则很有可能仅凭借报表上的数据指标错误地判断企业的营运状况，进而影响财务报表使用者的相关决策。行业和竞争战略分析与企业的财务报表分析不仅密不可分，而且互为基础。行业分析和竞争战略分析为财务报表的科学合理分析奠定了基础，提供了背景资料，是其理论导向；财务报表分析反过来反映了企业目前的行业地位和经营状况，为报表使用者的进一步决策提供依据。

(三)企业战略与财务战略的联系

1. 从战略层面上看,企业与财务相互之间是整体与部分的关系。不管是何种性质的公司企业,财务必然是企业的重要分支,是公司企业战略中的组成之一。目前,全球的公司企业的管理方式是将财务部分放在核心地位上,资金则是财务的重要部分,现金(含现金等价物)的净流量(流入量和流出量)管理、比较、分析是资金管理的中心活动。

2. 公司企业战略为财务战略提供了引导。公司企业战略是整体性的战略,财务战略是其中的一个方面,它的方向与公司企业的整体战略需要步调相同,财务战略的设计和执行必须和公司企业战略的整体要求相适应,为公司企业战略提供强有力的支撑。公司企业战略处于财务战略的主导地位。

3. 在公司企业战略中的若干次级战略中财务战略处于核心地位。公司企业的总体战略,包括次级战略、人力资源技术、发展等方面,具体的实行都离不开资金的支持。公司企业正常运作和发展决定了资金的筹措需求量,而资金的投入和使用与公司企业的产品生产过程是紧密相连的。就算是股份分配的数额,也不单单是财务分配问题,在某种程度上取决于公司整体发展状况、资本需要和个人意愿等。另外,资金筹措的数额,也需要遵守企业战略的宏观安排,公司企业财务活动的每个过程是与公司企业活动方面紧密相关的。因此,财务战略除了需要满足公司企业战略的整体需求之外,还必须考虑到具体的其他次级战略对于资金的需求,与其他相关部门的战略是否步伐相同。观察公司各部门与财务之间的战略关系,这部分凸显得非常明显的是中小企业,因为中小企业部门之间的联系及相互影响更加紧密和敏感,资金用度也比较紧张。

资金必然是公司企业主要的资源,在各个次级战略中最主要的便是财务战略,企业正常生产运作过程中牵涉范围最大的是资金的筹措、投放、使用、分配等,财务直接决定着其经营活动的方方面面,也直接影响经营活动的结果。从这种角度上看财务战略不光是公司企业战略的次级部分,一定程度上,财务战略和公司企业战略处于同等的地位。例如,企业在合并的战略过程中,合并涉及的内容和部门比较多,如合并后资金的分布、资源的配置、产业线的布局、产品品种的增减、市场的开发等公司企业商业活动的很多部分难以将它们归类为公司企业战略或者财务战略。事实上,应该从不同方向进行综合考量。例如,珠海的巨人集团财务战略失败引起公司企业战略无法实行的例子,从中可以看出公司企业财务战略的核心地位。

1992 年，巨人集团的高层想为珠海的发展提供助力，开始打造珠海的最高大楼，让巨人集团大楼成为珠海的标志性地标，史玉柱决定建造巨人大厦。初始的建楼计划是盖 38 层，大部分自用，并没有搞房地产的设想。这年下半年，一位领导来巨人视察，当他被引到巨人大厦工地参观的时候，四周一盼顾，便兴致十分高昂地对史玉柱说，这座楼的位置很好，为什么不盖得更高一点？就是这句话，让史玉柱改变了主意。巨人大厦的设计从 38 层升到了 54 层。这时候，又一个消息传来，广州想盖全国最高的楼，楼高计划 63 层。便有人建议史玉柱应该为珠海争光，巨人大厦要盖到 64 层，成为全国第一高楼，也成为珠海市的标志性建筑。最终，咨询了香港的设计所以后，楼高定在了 70 层。史玉柱准备将巨人大厦完成后拿出部分给集团自用，其他的对外进行出租。自此，巨人集团进入房地产行业，加大投入。20 世纪 90 年代，盖一座 38 层的大厦，有 2 亿元资金已基本满足，工期为两年，这对当时生意红火的巨人集团来说，并非不能承受。可是，盖 70 层的大厦，预算从 2 亿就陡增到了 12 亿元，资金的需求量增加了 6 倍，工期延长到 6 年。巨人集团不但在资金上缺口巨大，而且时间一长也充满了各种变数。当时巨人的主打产品"6403 汉卡"在市场上卖得十分火爆。史玉柱此时犯了一个很多企业家都容易犯的错误：把预期的利润当成了实际的收益，并以此虚拟的利润为基数设定自己的规划。珠海市为了支持这个为珠海争"全国第一高楼"的标志性建筑，大开绿灯，巨人大厦的每平方米地价从原来的 1600 元降到 700 元，最后再降到 350 元，几乎成了一个"象征价格"，并为巨人集团的产品收入征税方面给予了很多优惠。巨人集团建造大厦的资金预计有三个方面的来源——通过集团内部资金，通过银行的贷款，通过销售大楼楼花（学香港卖楼花）。因为那个时候集团大楼（楼花）销售进行得很火热（香港楼花卖得非常火，1 平方米居然卖了 1 万多港币），所以巨人集团采用了不向银行贷款的方式。可是不久，由于宏观经济的变化（财政政策收紧，银根收缩），金融环境等的变化，加上主打产品受制于联想等新的科技集团的崛起而一落千丈，巨人集团出现了严重的财务危机。这种状况下巨人集团想获得银行等金融机构贷款而无从获得，鉴于巨人集团的财务现实，银行已拒绝提供贷款。因为巨人集团的财务战略在决策方面出现重大问题，导致巨人集团大厦的建造无法获得稳定的资金支撑，最后成了烂尾楼竖立在珠海市中心好多年，也拖垮了巨人集团的主营业务。失败的财务战略让巨人集团计划实行企业总体战略转型的目标破灭，巨人集团一瞬间走向衰败。

(四)企业战略与企业财务战略的区别

1. 企业战略尽管属于最重要的部分,但是财务战略对于企业战略和次级战略起着制衡用处。

(1)公司企业的资金量有着有限性。资金的有限性有两个方面的意思:第一,以全社会的角度看,从金融市场获得的资金总量是有着限度的;第二,从一个特定的公司企业来看,因为全社会资金的有限性,分配给每个企业的资金量不能是无限的,并且在资金分配的时间上有其运行的特点(企业资金需要节点和社会资金供给节点往往有错位)。企业在设计企业战略和次级战略时必须考虑资金的供应情况,在保证企业生产经营活动能够正常运作的同时对资金进行合理地安排和使用。优秀的财务战略还应做到资金布局的未雨绸缪,经济活动中资金安排要先行,为企业良性运营保驾护航。

(2)货币资金拥有的独立性质。由于金融资本从产业资本内部脱离出来,在满足资金供应方的利益需求为基础的情况下才能满足企业资金的筹措和运用、费用支付及收益分配等财务的管理活动。所以,财务战略独立的主要因素就是货币资金的独立性质。

2. 企业财务战略的主要方面是现金流动状况,设计企业战略必须考虑到企业当下收入水平及未来可预测的利益空间。利益最大化是每个公司企业创建及维持简单再生产和扩大再生产最为主要的追求目标,在设计企业战略时,必须首先考虑企业的收入水平与利润空间。然而,按照现行会计准则中的权责发生制进行会计核算时,企业的利润往往只是会计制度意义上的收入,利润收入能否变现、何时变现、变现多少比率等在企业没有收回货币时都是未知数,没有现金流入的利润现象可能会随时出现。如果企业没有充足的现金来应对发展或运行的需求,即便账上有高额的利润,也可能由于出现现金危机而导致企业经营难以为继,甚至由于现金流这个企业的"血液"断流而引起企业破产。偿还银行贷款本金和利息及缴纳国家税款都要求企业有实在的现金(货币),而不是账面上不知何时能变现的收入。所以,一个企业在设计财务战略时虽应力求企业获利,但更多的是应注意现金流量的正常与否,能否覆盖企业的经营需要。

3. 企业的综合目标是其战略计划的关键。财务目标是制订财务战略计划的关键,企业财务目标是指企业有计划进行一系列财务活动,在一定条件匹配下应达到的根本目的,是评价企业财务活动是否合理的标准。财务目标有多种,不同商业模式和战略要求的企业,其财务目标不尽相同,企业财务目标的主要类型包括：利润最大化、每股收益最大化、股东权益最大化、股东财富最大化、企业价值最大化等。通常来说，达成企业价值最大化就是企业的财务目标，才能达成最大化的股东财富。所以，企业在进行战略规划设计时要协调好其与财务目标的关系。

第二节　公司运营与公司财务报表之间的关系

在世界经济高速发展、全球化进程日益增强的今天，企业之间的竞争日益剧烈，而企业若要长久地立于不败之地，增强市场竞争能力是关键所在。企业创造核心竞争力，科学分析财务报表的能力必不可少，这不仅能保证企业决策的合理有效，更能推动企业的发展。因而，企业相关的部门要将财务分析这项工作视为重点，在人事安排方面，提高财务负责人的地位，将财务总会计师或财务总监安排进入领导班子，从顶层设计开始重视财务意见。

一、财务报表分析

企业的财务报表是财务分析的前提，分析时将企业的经营目标作为方向，运用科学的分析方法与标准衡量企业的财务现状、现金流量以及运营效益等，以此来评断企业的经营情况；同时还应以企业过去一段时间的财务报表经济数据预估未来企业发展态势。财务人员经过对报表各项数据的研究和分析，能够有效地评断出企业真实的运营能力以及业绩水平，了解企业的管理水平、真实财力、潜在风险以及未来的发展态势等。

二、财务报表与经营发展策略研究关系的分析

财务分析工作主要是剖析财务报表及有关附表里的各项数据并将其转变成对企业有用的信息。企业的管理者根据这些或直观或整合的财务数据，对企业的未来发展做出有效决策。财务分析有利于企业拟定发展策略，一般情况下，企业会事先订立几项候选计划，并分析候选计划的财务条件、投资回报期、现金流、未来收益的现金折现等指标来确保策略在财务方面的可行程度是否能达到预想的成效，最终确定发展策略。财务分析还可以帮助企业高层评估企业策略的发展成效，企业在发展策略实行的进程中，高层部门要按时查看企业的营运情况和财务水平等，以便及时评估策略的成效。

根据战略的实施进行前期、中期和后期的评估,特别是在运行期间若是看到了发展策略执行的不合理之处,必须立即对策略进行整改,确保企业的发展策略能够在未来顺利地开展。

三、企业经营策略制定的财务基础

(一)对企业财务人员加强培养与管理

财务分析这项工作必不可少的就是财务工作者,财务工作的成效十分依仗于财务工作者的专业水平和真实能力。财务工作者必须对财务报表有深入的认识,同时还必须在认真剖析报表之后厘清各项报表之间的关系。应重视财务工作者的综合素质水平提高,进行定期培训,鼓励财务人员深造、继续教育学习,将财务人员的学习时间和考试成绩作为工资绩效的发放依据和升职的依据。一线财务人员增强自身分析报表的熟练程度,提升自己评估财务现状的能力,能够提供出一份科学合理的分析报表。不仅如此,财务工作者要积极学习现代科技,掌握前沿的财务技能,将科技的便捷性带入工作中,进而给企业的发展决策做好铺垫。

(二)提高财务报表的有效反馈能力

企业实际运行中,受市场材料、产品价格变化和消息延后因素的影响,会计信息会呈现出滞后性,导致可用度降低。从这方面来看,应着重提高财务人员对企业财务信息的反馈能力,如财务人员对上级部门下发的各种财务规定和规则解释等文件应及时学习和理解,还应立即向单位负责人报告并做通俗化讲解。在实践中,经常看到有些企业的财务人员由于对下发的财务实施条例没有及时关注和学习,企业无法享受到很多优惠政策,导致多交了费用或者多交了税金。提高财务报表的有效反馈能力是为了加强企业财务工作效率以及营运管理水平,对政策文件要及时获取,对财务重点指标的变化要有敏感性。分析报表要重视时效问题以及获取、分析、汇报、解决的能力。

(三)确保企业财务信息数据的真实可靠性

真实性是财务报表编制的首要原则,财务报表里的各个数字都必须是真实且没有经过任何加工的,因为这些报表都是会计信息需求者了解企业一定时期内财务状况以及盈利水平方面的重要信息来源。财务工作者制作财务报表的时候,本着对企业相关利益者负责任的态度必须对各项数据进行严谨的核查,保证所公开的会计材料的完整准确,无论何种数据都万万不能存在虚假、模糊的情况。

（四）利用合理的财务比率分析方法

对财务状况以及数据真实性做好充分了解之后，使用有效的财务比率体系得出企业的资金流动比率、资金周转率以及资产负债率等各项有效信息，给剖析财务报表工作铺路。

（五）对财务报表进行全面分析

企业财务分析工作十分重视数据资料的真实合理性和合法性，还有分析方法的有效性。另外，分析企业的地区和行业背景同样十分重要。认真研究企业所处的行业状况以及时代背景，同时剖析报表相关附注与企业资金情况和盈利水平之间的关系，才能真正做好分析财务报表这项工作，给企业的战略制定提供有效信息，保证企业生产发展的持续性。

综上所述，由于企业的财务报表具有复杂多样的特征，所以财务工作者进行报表分析时必须改变以往分析工作中的简单方法，确保分析报表能够给企业的发展策略提供可靠的数据参考。因为分析企业的财务报表和企业发展策略之间存在着极强的关联性，所以企业在今后的发展中，必须格外重视对财务工作者的专业技能培训，增强报表的反馈水平，确保财务数据的真实可靠。另外，在分析财务报表时还应利用科学严谨的财务比率分析法，使企业的未来能够顺利发展和具有持续性。

第三节　不同公司之间财务竞争策略

一、一般公司财务战略存在的问题

（一）财务战略与公司发展需求及所处外部环境不相适应

公司的投资、融资战略与不同阶段的发展需求以及所处的外部社会、经济环境不相适应，给公司的资金运作带来了巨大的风险，具体问题表现有几个方面。一是公司的发展分为初创期、快速扩张期、稳定发展期以及衰退期，但是一些公司由于自身管理经验的不成熟和财务战略制定的不完善，在不同的时期采取不合适的投资、融资策略，导致公司的资金缺口较大或者资金的流动性不足，不利于公司健康的发展。二是针对不同的经济周期，公司的财务战略没有进行有针对性的改变，比如在我国经济增长放缓和市场需求不足的情况下,一些公司还在大量地进行融资,扩大生产或者延长产品线,造成产品大量长时间积压,影响资金正常运转。此外,一些公司对行业未来的起伏认识不清,盲目投资一些初创公司,投资失败造成资金损失。

(二)公司财务管理水平低下

公司财务管理水平不高导致公司内部不能实现资产的良好管理,难以维持公司资金的健康。第一,一些公司缺乏完善的财务管理体系,对于公司的财务数据使用仅仅停留在会计核算的层面,没有建立适合企业特色的系统的财务分析体系,无法结合公司发展的长远目标对公司的资金进行管理,导致公司的财务管理职能没能发挥促进公司发展的作用。第二,一些公司财务管理方式较为落后,仅仅通过简单的数据分析来判定公司的运营情况,没有使用专门的数据分析软件全方位地对公司的财务数据进行评估。第三,一些公司财务人员专业素质和职业道德水准低下,或是在财务数据处理过程中缺乏基本的专业素养,导致财务报表填写数字不够准确;甚至是一些财务人员存在财务造假行为,导致公司会计信息失真。

(三)内部监督控制体系不完善,缺乏风险评估体系

一些公司内部缺乏对于财务数据的监督控制体系,在公司的日常经营中没有对公司的财务数据变化进行定期和不定期的监测,无法及时发现公司财务数据中存在的问题,也无法判断公司财务战略中不符合公司发展需要的地方。另外,一些公司尚未建立或缺乏完善的财务风险评估体系,无法根据公司财务战略的变化对财务风险进行系统评估,无法甄别出可能造成财务风险的环节并加以控制和规避,导致公司财务风险频发并影响整体发展战略的顺利实施。

(四)尚未完善财务战略实施情况的绩效考核评价体系

完善的绩效考核评价体系有利于对财务战略实施情况进行及时、准确的反馈,促进公司财务战略的不断改进。然而一些公司尚未建立和完善财务战略实施情况的绩效考核评价体系。首先,没有对不同的经营活动制定有针对性的考核指标,导致考核的泛化,不利于财务战略的完善。其次,绩效考核指标的选取侧重点不够突出、缺乏针对性,导致绩效考核失去应有的效果。再次,绩效考核的执行不够规范,有些考核过于形式化,导致考核不够准确,也无法完成对财务战略效果的评价。最后,绩效考核后的评价不够科学,仅仅是进行简单的定性式的文字描述性评价,没有通过对数据

系统的分析及进行规范的定量式评价，无法提出有建设性和可操作性的改进建议。

二、完善公司财务战略的对策

(一)完善与公司发展及外部环境相适应的财务战略

公司在财务战略的制定过程中，应当对其内部结构、发展情况以及外部的经济环境、市场风险等进行全面的评估，制定出与发展相契合的财务战略。第一，对公司的内部结构、流动资产和固定资产、流动负债和长期负债、资本(股本)构成、营业收入和利润获得途径、非经常性损益等决定公司发展前途的指标进行系统分析，结合公司自身的资产规模和偿债能力，适当选取投资和融资的对象及规模，并提取一定数额的风险准备金，以确保公司资金的正常运转。第二，在财务战略制定之前，对市场经济的变化趋势进行准确的预测和分析，并对同行业其他公司的发展情况、主营业务变化、年营业额、市场占有率等进行全面的评估，根据不同的外部环境制定不同的财务战略，提高资金的使用效率，促进公司良性的发展。

(二)提升公司的财务管理水平

公司财务水平的提升是一项系统的工程，可以从以下几点着手。首先，建立完善的财务管理系统，对公司的财务数据进行分类管理，将同一性质但不同年份的财务数据通过企业管理中常用的统计软件进行分析，分析财务数据的变化趋势，有针对性地做出战略调整，不应该将财务管理局限于会计核算。其次，引进先进的财务数据处理软件，全面普及会计电算化，通过会计电算化的普及确保财务工作的高效和财务数据的准确性，聘请有经验的财务专家和引进高端会计查错软件对有问题或存在风险的财务数据进行快速的筛选。最后，通过培训和轮岗提升财务人员的专业素养和综合素质，通过各部门的相关信息汇总来全方位考量公司的财务数据，财务管理才会更加全面。同时发挥法律的威慑力，使员工意识到财务造假舞弊的严重后果，从制度和技术的多层面防止会计信息失真。

(三)健全公司内部监督控制制度，建立风险评估体系

公司要想制定出长期的适合公司发展的财务战略，必须建立内部监督控制制度，并建立完备的风险评估体系。一是健全公司的内部监督控制制度，对公司财务战略实施的每个步骤进行监督，发现其中存在的不足并进行及时的改进，避免财务战略偏离公司发展方向，确保财务战略促进公司的发

展需要。二是不定期对公司的财务工作进行核查,甄别出存在问题的财务数据和可能给企业带来巨大风险的财务处理方式,并进行相应的改进,以确保财务数据可以为公司的发展战略制定提供准确的依据。三是建立和完善公司的风险评估体系,针对公司的财务数据和财务战略的调整,定期和不定期地进行系统的风险评估,特别是对于公司的重大战略制定和实施,需要增加风险评估的维度和频率,发现可能给企业带来损失的财务数据或财务战略,进行及时的调整,促进公司健康发展。

(四)完善公司对于财务战略实施的绩效考核评价体系

公司在进行绩效考核评价时应当考虑不同的经济活动和财务战略所考核的指标是不相同的,且存在重点考核的指标。首先,通过对不同经济活动和财务战略制定过程和实施情况的分析,科学地选取具有考核价值,能够真实地反映财务战略实施情况的指标进行考核,并且在考核指标的选取过程中应当有所侧重,提高重点考核指标在绩效评价过程中所占的百分比,使绩效考核更加科学合理。其次,严格规范绩效考核的实施,针对制定的考核指标进行详细的考核,防止徇私舞弊的现象发生,维护考核过程公平、客观,为财务战略实施效果的评价提供依据。最后,采用描述性分析与定量分析相结合的评价方式,通过数据量化、回归分析的方式增强评价的说服力,为公司财务战略的完善提供指导。

实施与公司发展相适应的财务战略,有利于提升公司资金的使用效率,确保资金的有序健康流动,促进公司内部管理的不断完善,最终促进公司不断发展壮大,在激烈的市场竞争中赢得先机。

三、周期理论的企业财务战略研究

企业的生命周期缘于市场和经济规律,不只是因为核心竞争力的内部因素,还因为市场结构相关的外部因素。在不同的阶段,企业可以使用对应的财务战略,保持其适应环境和可持续发展。

(一)产业周期与企业财务战略的适应性分析

1. 产业引入期财务战略

投资战略环节中,企业在引进或建立新市场的时候,在市场竞争尚未激烈的状况时,应当有能力抢占市场,加大资金的投资力度用于产品的营销队伍建立和市场开拓,加大产品的创新研发力度,在一个新市场中先发制人,打造产品技术方面和营销方面的优势。企业也要留意进入新市场的风险会更大，因此企业在设计财务战略的时候必须全面考量潜在的投资风险和不稳定性，并保持稳定一致的财务战略。

2. 产业成长期财务战略

在投资战略上，企业在产业成长期重点应放在提高消费者的认识和忠诚度，增加市场需求度，激发消费者潜在的需求欲并引导市场开辟新的产品需求空间。此时企业应该提高资金投入力度与加大生产规模，在产品质量方面精益求精，以增加市场份额。同时，企业必须加大投资，加速工业设备的现代化，建立自己的市场品牌和资深客户，保持产品质量和产品性能，打造优质品牌，建立良好的形象。

3. 产业成熟期财务战略

在产业成熟期，企业已经有充足的实力和较大的规模，可以采取在股市上融资的方式。企业也可以考虑合并和收购同一类型的其他企业，提高在市场上的占有率和竞争能力，完善资源的分配和重新调整资本架构，将非核心项目转移或替换。在成熟期的过程中，产品的增长速度减慢甚至只有小幅增长，但产品的生产水准达到最高水平，市场饱和，企业必须选择最合适的战略加大投资，投资产品要多样化，在成本和收益中找到最佳发力点。

4. 产业衰退期财务战略

(1)筹资战略。企业处于衰退期阶段，其形象已变差，它难以从投资者方面获得资金投入。从企业偿还债务能力的角度来看，举借债务获得资金也变得异常艰巨，此外，由于担心企业的破产清算，债权人可能要求提前偿还债务和保全资产，使企业的资金流动雪上加霜。所以在这一阶段，企业的主要资金来源不能通过吸收权益和债务来保证，只能依靠自己过去的累积资本来保证。

(2)投资战略。在衰退期，面对在市场上迅速萎缩、利润减少和无法吸收投资的情况，企业可以采取脱离战略，通过拆分或抛售，利用当前的资金情况，减少成本开支等，寻找新的投资机会，保存现金实力预备资金以寻找新的市场，延长其在市场内的生命周期。与此同时，企业积极发展新的竞争能力，发掘新市场，并开始进入新的行业。企业可以通过多种方式获得重生，重新形成初期阶段和增长阶段的特点。

(3)收益分配战略。在衰退期，必然会导致公司企业的收益出现下滑，外界一定会停止资金投入，企业自己也难有更多的资金补充进来，形成现金的流出量大大高于流入量,会出现"钱荒"情景。此时为了资金尽快回笼必须采取各种方式,如给予更高的赊销回款奖励比例;也可以以分散股权的方式吸收社会上的闲散资金,采取分配股利而不是分红的方式,等等。如果是比较高的股息红利分配应当以不影响企业今后创新发展路线需要的资金为限。

(二)类周期的财务战略

财务战略关注的焦点是企业资本资源的合理配置与有效使用。企业的不同阶段,应有不一样的财务战略。每一个财务战略都应该有各自适应的时间范围,正确的财务战略可以给公司起到事半功倍的效果。

财务战略可以从各种标准划分,不但能够对财务战略理念的解析越来越深入,还能够为财务战略的设计提供基础性的大框架。以不同的标准,将财务战略做如下划分。

1. 按与企业战略的匹配度划分

从公司企业战略的分类可将财务战略分类为激进扩张型、平和稳健型、保守防备型的财务战略。

(1)激进扩张型战略。为了配合公司的激进经营战略和强发展战略而采用的一种财务战略,目的是在较短时间内实现公司资产规模的急速扩大。其特点较为显著:第一,公司对外投资数量和总额增多,此阶段财务上反映的是现金流出量不断增多但流入量很平缓,企业可能大量举债导致资产回报率下降。第二,公司为了稳定发展空间,制造新的利润增长点和实现现金净流入,大幅度提高销售费用推出新的产品抢占市场。此战略能否奏效,任何对未来的预测都有两面性,如果不顾及现有的资金实力和市场需求趋势分析而盲目扩张,结果将是投资失败及公司财务状况逐步恶化,直至以公司资不抵债收场。

(2)平和稳健型战略。这是一种在公司发展中后期采用的战略,为保证公司现有产品的市场占有率,首要目的是实现公司经营业绩稳定增长,保持资产规模平稳基础上略有扩张的一种财务战略。它可以充分利用现有的内外部资源,集中自身竞争优势,此战略有进可攻和退可守的双重特点,是企业经常采用的一种过渡性战略。但也应该注意战略的适合时机,如果公司主线生产品种已属被淘汰产业,实行这种财务战略将大量的宝贵资金用在可能被市场抛弃的产品上,会严重拉低公司未来盈利能力和正现金流,给公司带来财务危机。

（3）保守防备型战略。这种财务战略是在公司的产品市场占有率出现下滑苗头，主营业务经营业绩下降，为预防将要出现的资金短缺财务危机，谋求产品转型或升级换代，也有可能是配合公司的产品线收缩和不良资产剥离，或者企业寻求并购和清算等活动采用的战略。防御性战略特点是收缩公司规模，现金流入量不减反增（也可能不增加，主要看企业的主营业务收入情况），公司以稳健的财务政策（以现金持有为王）实施经营，负债减少将导致资产报酬率提高（应具体分项目分析），保守型战略并非公司发展的长久之计，产品线收缩和投资锐减会影响公司的盈利和现金流空间。

2. 按公司财务的具体领域划分

公司企业在投资战略上一般如何处理呢，战略管理可分为三个方面，分别是投资方向、筹资渠道、股权分配；投资战略主要解决投资的目标方向、规模控制、方式选择等重大问题。

（1）投资分为直接投资和间接投资。直接投资指投资者将货币资金直接投入投资项目，形成实物资产或者购买现有企业的投资。投资者直接投资的目的是追求企业资产及经营的所有权和控制权，希望通过参与被投资企业的经营管理达到投资目的和实施经营理念。投资内容包括各种有形资产的投资，如货币资金、厂房和机械设备及交通工具、土地或土地使用权等，也可以是无形资产形式的投资，如商标、专利、信息咨询、提供第三方服务等。其投资战略主要有提高资产增量途径以达到通过投资规模扩大取得规模经济效益；增加研发投入提高生产技术水平的投资战略。长期来看，企业科研研发经费的投入与技术进步的关系紧密，资金充足的企业也可以考虑直接购买新技术，总之投资战略中应考虑生产技术要素与投资的效果关系。盘活资产存量的投资战略，盘活资产存量的投资战略与提高资源配置效率相结合，资产配置原本就是资源配置的重要组成部分，通过资源重新整合有效地盘活和利用现有资产，发挥存量资产作用谋求获取更大价值。

间接投资与直接投资在投资目的和形式上都有很大不同，主要是指通过购买二级市场证券、融出资金、贷款拆借等方式将闲置资金投入到其他企业。其主要目的是为企业暂时不用的资金找一个获利渠道，以期获得投资的资本增值和股东价值增厚。间接投资渠道一般进出比较方便灵活，投资方会考虑能否及时收回本金以供自身所需，并获取被投资企业的红利派发，一般不以控制对方和谋求参与经营决策为投资前提。间接投资考虑更多的是本金的安全程度,在风险可控的前提下寻找安全的投资机会,资金量大的间接投资一般是请业内投资专家依据企业投资特点为企业量身定做一份资金投资项目组合规划。

投资需要考虑时机吗?该如何择时呢?对外投资应该考虑多方面因素,如被投资企业属于企业生命发展周期中的哪一个阶段,其投资策略应有所区别。主要有以下四种模式:第一,投资重点侧重于公司初创期,兼顾处在成长期和成熟期的公司和产品,选择这类模式的企业一般都具有超前的创新意识和一定的经济实力,为获得超额收益乐于承担风险;第二,投资不考虑初创期和衰退期,侧重于成长期和成熟期产品或公司,这类企业一般经济实力不太雄厚,更追求细水长流式的稳健的盈利模式,将风险规避放在比追求盈利更重要的位置;第三,投资均衡分布于以上四个阶段产品或公司,这是综合实力极强的企业通常选择的投资模式,自身在产品线的布局及主营业务的发展应该已臻完善,管理层谋求的是企业更高平台上的发展,企业考虑多元化经营战略以图发展中分散风险;第四,还有一些企业的投资侧重于初创期和成长期而放弃成熟期、衰退期,多见于高科技企业,他们的研发能力很强但缺少生产资料和生产技术人员,以出售科研成果为主要业务。

(2)融资战略规划及选择。融资战略,是根据企业的经营现状、内外部环境、现有条件与未来发展,分析企业整体发展战略(包括投资战略),对企业的融资目标和结构、融资渠道和方式等进行全面的谋划。企业的加快发展一定需要多种融资,市场上融资渠道很多,有符合国家规范要求的,也有一些对企业很有吸引力的灰色融资,该如何选择即合规又能满足企业需要的融资战略组合呢?

企业融资方式的战略一般有几种优先考虑:第一,内部融资战略,很多企业出于债务负担的考虑,会选择使用内部剩余利润留存作为融资首选(当企业内部留存收益较多时);第二,股权融资战略,新项目需要增资扩股而向老股东和新股东发行股票来筹集资金,我国的股票市场日渐完善,为企业的发展壮大提供了大量的资金,目前我国有一级市场、二级市场、新三板、科创板;第三,债务融资战略,主要可以分为向银行等金融机构贷款和发行企业债券(需政府相关部门同意)两类;第四,出售设备融资战略,企业销售其部分暂时不需要又在市场上有使用价值的资产进行融资,如设备融资租赁或者售后回租的方式。

优化企业资本结构的融资战略。考虑企业的举债能力、管理层的控制能力、产品盈利能力以及有关的税收政策等,将股权融资与债务融资结合起来,以股权分置的方式将部分债务置换成股权,可以减轻企业的债务负担和风险。还可以考虑将内部融资与外部融资联系优化,以大股东的股权质押换取企业急需的资金。

不同经营周期的融资战略。快速增长时期使用保守筹资战略:企业快速增长周期采用新增投资而不是利用负债筹资战略。低增长时期使用积极融资战略:企业低增长阶段说明很难找到好的投资机会,此时企业需要贷款等债务筹资方式为经营找出路,可以利用以前建立的良好的信用形象尽可能多地借入资金,并利用这些资金公开在二级市场回购自己的股票用于减少流通总股数,实现股东权益的最大化。

(3)股利分配战略策划。股利分配战略是指企业与股东、员工及国家之间的收益分配规定或者分配约定协议。拿出多少收益给股东分配是富有弹性的,股利分配方案成为收益分配战略的重点。公司制定股利分配方案首先必须确定分配的目的,这是保障各层级股东的权益、维护公司长远发展的利益。公司董事会、管理层制定股利分配战略时应从多维度做充分细致的考虑:第一,股利分配战略以不侵害企业发展所需的资金为先决条件,保证企业战略预期的现金流量需求;第二,股利分配战略不仅考虑股东们的短期利益,更要将股东们的长期利益与公司未来发展结合起来考虑,切实做到是股东的长期银行;第三,制定股利分配时考虑国家出台的资本限制、偿债能力的限制、内部积累的限制等相关管理文件的影响因素,如营运资金低于某一水平时企业不得支付股利等债务条款因素,只有在新增利润的条件下才可进行股利分配,只有先满足累计优先股股利后才可进行普通股股利分配等。此外,还应该考虑企业现金流量、筹融资能力、潜在投资机会、资金加权成本等影响因素。

现实中,企业可以根据具体情况选择多种股利分配战略。第一,剩余股利战略。这种战略的实施要首先考虑公司的运营,以实现公司的长期发展目标。优先考虑企业经营和正常扩张的需要,资金安排布局企业经营战略后还有剩余则发放股利,如果没有剩余则不发放股利。第二,固定股利支付率战略。它与剩余股利战略正好相反,将股东利益放在首位,优先考虑的是股利分配,公司每年按照事前规定好了的比率将当年的盈利分配给股东。

第三,稳定的股利战略。是指公司的股利分配不考虑每年的收益变化,分红率在一段时间里维持不变。第四,持续增加的股利战略。股利分配每年按一个固定增长率逐年增加,前提是企业每年都有盈余。第五,低正常股利加额外股利战略。公司事先设定一个较低的股利分配率并按此发放股利,当累积的盈余和资金相对较多时再提高股利分配率,给股东更多的股利分红。综上所述,没有最好的财务战略,只有一段时间里最合适的财务战略。

第十章 财务思维的构建与养成策略

　　不同的个体或组织只要在这个经济社会生存,必然会涉及如何管理好"钱"这个财务问题,只是大部分人认为财务是一门专业技能,需要系统学习,是专业财务人员才能做的工作,是一项职业技能还是一门职业。没有将财务与自己的工作和生活结合起来,把财务作为一个技能补充或者思维管理。我们在生活中进行私人消费时,偶尔还会考虑值不值得,这份支出是否划算,是否超出了自己的承受能力,但在工作中做一些具体决策时可能很少会思考一下此事项对公司的"钱"有什么影响,是赚钱还是赔钱的买卖。这些不能说明部门领导没有责任心,而是由于大多数部门的负责人和员工没有建立财务思维,无法将自己处理的业务与公司资产、债务、利润、税收等联系起来。其实,处理任何一件业务前都想想是赚还是赔,要花多少成本费用,又能收回多少收入,最后为企业带来多少利润,这就是培养财务思维的基本思路。很多人觉得财务太专业,学起来很困难,财务语言像天书,其实那是因为对财务学习不够了解。再说,非财务人员不需要掌握很具体的财务技能,只需要了解与业务相关的基础财务知识和公司的财务框架,更重要的是建立起财务思维。

第一节 财务思维的框架概论

　　财务思维不是指财务专业知识或技能,而是指建立财务管理的意识,是对经营管理思维的拓展和延伸。便于企业管理者掌握科学的管理方法、管理流程和管理工具,完成企业经营大系统的良性运转,使企业管理层、负责人和基层员工各司其职,企业走向良性运转的轨道。贯通业务思维与财务思维,让业务部门理解财务对业务的重要性,配合企业财务系统的工作。让企业决策靠数据、考核看指标、部门不扯皮、执行有效率、经营更稳健。

一、什么是财务思维

很多人可能一听到"财务"二字,立马就会头大,说财务全是会计金融税法的专业术语和一大堆数字,看这些就像雾里看花,让人害怕、生烦。其实除了数字本身比较枯燥、单调外,还与财务从业人员自身比较喜欢"内秀"有关,大部分财务从业人员不擅长树立自我业务形象,不了解表达财务观点和思想的重要性。长期以来,造成了其他部门对财务部门及业务的陌生和排斥感,不能将经营业务与财务很好地联系起来。

财务思维,简单解释就是个人或组织在做决策时把损益、现金流等因素考虑进去,这就是拥有了基本的财务思维。至于还有哪些因素的考量,取决于当事者重视程度和学习能力,而不仅仅是思维的问题。如在领导者的眼里,扩展新的市场,或是收购其他公司,都会思考究竟可以赚取多少利润。在这个想法的影响下,收购公司以及扩展市场进程中免不了时常查看公司最新的估价及收益,还会十分谨慎地估算公司的成本、收益以及净资产之类的项目,防止白花钱,这就是财务思维。财务不是仅仅局限在历史数据中,还非常关注未来的发展。财务包含范围相对比较宽泛:会计、税务、融资、预算、计划、内控和统计等。如果把财务仅仅定位或者局限在以前账房先生的记账范围内,财务部门将失去其大部分功能,这就相当于企业聘请了一个著名的科研人才,但仅仅是让他在生产线上生产产品,没有发挥他应有的作用。

日本资深会计师安本隆晴在其著作《人人都要有财务思维》中曾经提道,运营的过程并不是十分顺利的,一旦对随之而来的风险无法知晓,或是不能从失败中吸收经验教训的话,便不能实现可持续发展。但若是利用财务思维去思考的话,便会呈现出不一样的效果。

二、财务概念辨析

(一)有利润不等于赚到钱

企业存在的目的就是能够挣钱,然而真正意义的赚到钱除了要看利润,还要看现金流。假设一个人有一套房子,购入时 80 万元,现在出售 150 万元,约定购买方半年后付款。现在问题来了:出售房产这个行为产生利润是 70 万元(150 万-80 万),但这个 70 万元只能在半年后可得,当下这个人的现金流入为 0。这项业务从表面上看非常划算，就是没收到钱而已。但这里面蕴含至少两个方面的风险：如果他现在急需 150 万现金，没有现钱就会导致个人破产，这时半年后的收现对他有解救作用；谁也不知道这半年会有什么事情发生，客户到期无能力支付款项怎么办。现金为王，在经济低谷期尤其关键。若是仅仅看表上的数字，盈利数额大，但这只是会计思维方式。想要有一个确切的判定的话，就要跳出表上数字，并充分研究业务背后的现金流。很多企业走向破产不是利润低导致的，而是由于周转缺少现金。办企业既要考虑利润，又要考虑现金流，这才是真正的"财务思维"。

（二）资产不等于财富

大家判断一个人或者一个企业资产大小的常规观念是看其财务报表中总资产数据的大小，但仅仅拥有更多的总资产不一定能创造更多的财富，如果总资产中包含大量无用、无效资产，这不仅不是财富还有可能是负担，因为这个人可能为了维持它们还要花费维修费、保养费。也许很多资产是负债买回来的，企业还要考虑还本付息问题。所以要澄清的一个观念就是资产不等于财富。大多数人认为拥有更多的资产，就能创造更多财富。然而对一个企业来说，其创收能力才最关键。这是因为公司的很多资产本质上就是成本，而成本能否收回就要看客户愿不愿意为其买单付钱。所以，财富其实是取决于资产最终转成多少收入的能力。

（三）控制成本不等于经费一刀切

若销售额不能预期到账或者企业资金比较紧张时，企业首先就会想到要控制成本和削减费用。削减费用时马上想到的就是一些营销、企宣活动削减策略。很常见的现象就是取消原本计划好了的营销活动，可以减少 8% 至 10% 的销售费用。减少营销推广活动是否导致营业额和市场份额的萎缩呢，答案是当然的。显然，控制成本和费用不能进行"一刀切"，需要依据业务内容与财务经费进行一一的分析和检视，查看是否还有改进的地方，进行分类控制削减。

例如，产品推广中的广告宣传费或促销费这些直接关系到营业额提升相关的费用，就不应该单纯地"一刀切"，不妨将这些费用进行项目细分，分析各细分项目对营业额的影响度，可以利用财务分析的作业成本法比较削减各项费用后的后果，变更原有的做法，若以"一刀切"简单粗暴的做法实行成本管控，会削减真正必需的经费。

最厉害的成本控制削减方法是"花更多的钱提出更赚钱的策划方案"。

日本麦当劳控股公司社长原田泳幸,曾在他的著作《不断胜利的经营》中说道:削减成本就是"花更多钱,提出更赚钱的策划方案",经营越是险峻之时就越要讨论花更多的钱去投资,若不如此,以后就不可能复活了。不要被一直以来运用金钱的思维拘束,要思考用哪些全新的方法来运用金钱以提高营业额。这位社长的观点是否可行,在什么情况下可行,需要进一步思考。

(四)什么是成本

成本的概念是什么,成本概念分为传统会计上的概念和经济学上的概念,我们每个人既要学会区分也要学会在什么场合下使用哪个概念去解决问题。

传统会计范畴中成本的定义:(1)使用货币来计量生产与经营一定品种和数额的产品而消耗的资源的经济价值;(2)要获取物质资源而必须支出的经济价值;(3)要完成相应的目标所支出或者应该支出的资源的价值损失,其能够使用货币来计量。传统会计范畴中的成本概念比较容易让人理解,也是日常生活中挂在嘴边的成本内容,但是这个传统会计成本的概念和内容在给财务管理做决策时却常常出现不能解释的情况和误导,是什么原因呢,有必要了解经济学中的成本概念。

经济学中的成本概念:为达到一种目的而放弃其他目的所牺牲的最大代价。它和财务管理中机会成本的概念基本一致,也是财务决策中经常使用的概念。特别是财务从业人员一定要学会区分并能熟练运用这两个概念。简单地说,成本就是放弃了的最大代价。一个资源,它有若干的选项,被选中的那个选项,它的成本就是那些所有落选的选项中,价值最高的那个。

三、优秀管理者应该具备的财务思维

财务人员在现阶段若还是仅仅陷在历史数据堆里是跟不上时代的。这么说的原因是,一旦他们对这个行业的动向以及市场行情不够了解,就很难客观严谨地制作财务报表。从另一个方面来看,即使报表上的数据完全正确,在企业的发展进程中也没有特殊的意义。财务人员要有战略大局观,他们的战略大局观来自对所在行业以及对公司业务的理解。树立了战略大局观才会摆脱数据的限制,重视其他有价值的方面,做出的财务决策才能够利于企业的发展。

人们一旦在一个岗位上工作了很长时间，就会无意识地形成职业思维，固定的职业思维就是一种印记，会导致思维固化，不愿接受新思想、新技术。若要变成一名优秀的管理人员，必须塑造优良的职业思维，当然这不是一朝一夕就能养成的，但改变也是必须的。

（一）良好的避险意识

在实际的运营过程中，企业难免会遭遇多种风险。对于管理人员来说，必须具备优良的规避风险意识。企业风险是指经营中负面影响的事项发生的可能性，这些可能性将导致企业目标无法实现。这些负面事件有系统性和非系统性，需要进行风险管理。企业风险管理是通过分析公司的内外风险，制定系统的管理策略来处理这些风险。企业的风险分布在经营活动的各个方面，其中包括财务风险。企业财务风险是指在各项财务处理过程中，由于各种可控和不可控因素的发生，导致财务状况和信息披露具有不确定性，使企业蒙受损失的可能性。财务风险可以分为流动性风险、信用风险、筹资风险、投资风险。管理者应做好风险识别、风险应对。

（二）永远备着B计划

除了优良的规避风险能力，一名成功的管理者还要有疏散风险的意识。居安思危，无论什么时候都要有一个B计划（第二方案）来以防万一。据了解，华为从2012年开始规划"B计划"，自有操作系统"鸿蒙"，意在成为谷歌Android系统的替代品。无论是"B计划"还是此前的华为海思芯片"备胎"计划，面对美国方面的压制，华为的系列应对措施也折射了华为无论在操作系统或者手机芯片，均具有一定的自主性。

（三）做事细致严谨

一般看来，具备财务思维的人必须有周密的逻辑同时还要有明晰的分析能力，然而这并不意味着财务思维就是因循守旧。人们通常认为财务人员小心谨慎、墨守成规。虽然对其他人来说墨守成规也许是缺点，但是对于一个具备财务思维的人员来说却是一种赞美。通常企业都会制定详细的准则来管理各个部门的运行，好的管理人必须严谨地按照这些规则来进行。这是因为多数的财务工作者都是与数据交流，在处理数据的时候，一定要十分准确，不能出现任何失误，所以对比别人来说，财务人员会更加细心谨慎。

（四）战略大局观

通常来说，财务战略思维出自对所处的行业和业务的认识，财务人员若是只重视数据将是不完整的。这么说的原因是一旦一个人对这个行业的动向以及市场行情不够了解，很难客观严谨地分析解读相关数据。即使财务报表上的数据完全正确，但不同的人会得出不同的阅读结论。只有具备战略大局观时，一个人才会摆脱数据的限制，多维度认识问题，发现重视其他有价值的方面，进而保证他做出的财务决策及经营决策能够利于企业的发展。

第二节　财务知识学习的方法论

一、知识学习的方法论

知识的学习方法可以分为两类。一种是循序渐进的学习思路，先学习基本的理论，再深入学习方法、技术技能，然后将相关学科知识融会贯通。比如财务会计相关专业的学习，都是从会计学原理学习起步，然后学习中级会计、成本会计、高级会计、税务会计、管理会计等，最终融会贯通于工作实践中去。另一种学习方法是为应对工作需要去即学即用，从实践流程和步骤入手，直接上手学习实务类、流程类的技巧，目的是马上解决实际问题。比如类似"手把手教你做会计"的这类技巧教育，掌握这些知识之后能马上遵照指导做一些基本的会计账务处理。

二、财务会计领域学习的特别性

财务会计学习既不同于物理、化学这种纯理论科学，也不同于 Office、Excel 这种纯应用工具。会计学是一种在社会经济发展和商业实践中产生、演绎、发展而形成的一门理论和实践结合的独立学科体系。它需要很强的理论基础，如持续经营假设同时又有会计分期假设、收付实现制和权责发生制原则、几大会计要素分类等。对于我们的工作实践也有很强的指导意义，比如材料的计划成本和实际成本的双重核算，怎样编制并购、合并财务报表，如何帮助企业合理避税等。基础理论假设的存在是会计学指导实践的前提条件，所以学习人员对会计学科的正确学习方法应该遵循先理论后实践，再用实践丰富理论，然后用理论指导实践，这样一个循环往复的过程，才符合这门学科的应用性。

第三节　财务思维养成的核心三要素

任何思维最终都会形成一种思维习惯模式,是将一种决策的应用流程化、规制化,财务思维也不例外。拥有了财务思维,就可以将解读财务文字和数字信息的过程标准化,摒弃主观性,强调客观性,降低对数据的认知时间和成本,提高认知的准确性,使得信息输出、接受、分类、整理、分析整个流程更为顺畅。建立和养成自身完整的财务思维需要有三个核心要素,即搭建财务框架、开启知识储备和梳理逻辑主线。

一、搭建财务框架

财务框架是架设财务知识的骨架结构,是财务相关知识勾连在一起的基础梁柱和树状图,是将各个知识模块的逻辑主线串联结合,形成知识模块的思维导图。财务学习者对财务框架要有一个整体的认识,明白财务有何作用,是做什么的。

框架可以将脑中碎片化的、零散的知识整合起来。不仅学习起来有目的,而且学过之后帮助理解及记忆。财务框架就是财务知识如恒等式理论基础、会计处理的假设条件、资金运动等基本概念和主要核算流程。只有从框架上掌握了一门学科的知识全貌,才会对其有全面的了解,便于将知识融会贯通和学习向深度和广度扩展。想要学好任何一门学问,就像盖房子一样,首先必须把架子搭起来;其次还要知道往里面填充的内容即知识模块,以及弄清楚各个知识模块之间的区别和联系。

二、开启知识储备

通过框架搭建了解学科体系的概貌和所学特定知识内容在体系框架中所处的位置和层级。如作为一名非财务管理者,建议不必从会计具体核算学起,而应先了解企业主要的财务报表,再从报表各个项目倒推找出相应的会计事项,这样从结果到原因的逆向学习法更适合管理者。当然,随着学习时间的延长和学习程度的深入,管理者能够了解财务处理的各个环节是最好的。

三、梳理逻辑主线

一门学科的内容内部是分为多个块状的,每一块状里都有其自身需要明示的学习目的、内容和方法,块状内容之间又有逻辑联系,互相支撑其他块状的理论和方法,共同搭建一个完整的学科框架体系,如基础会计的逻辑主线是:账户—复式记账—账簿—财务报表—财务分析。

三步策略的应用对学习人员进行财务基础知识的学习和建立财务思维有很大的帮助。财务知识的思维框架结构包括"五大知识模块",分别是财务会计模块、管理会计模块、财务管理模块、财务分析模块和公司估值模块。

四、财务知识模块的认识

五大知识模块构成了财务思维框架和体系。

(一)知识模块之一:财务会计模块

财务会计模块能够反应企业管理的基准线,这条基准线能够准确地记录和反映企业的营运状态。

财务会计的工作内容包括以下几个方面:账务处理、编制财务报表、统计和开票、税筹和报税、档案管理等。它主要记载与体现企业的经济业务,是企业主要财务工作;三张财务报表数据记录和反映了企业在日常经营当中的资产负债和权益结构、盈利情况和现金流状态。上级主管机构和监管机构、债权人、投资人等通过财务会计模块输出的信息可以做出监管、借债、投资的判断和决策。

(二)知识模块之二:管理会计模块

从第二层次考量企业成本管理和绩效水平,它是在第一模块的基础上演变而产生的一种企业自我监控的需求。管理会计是管理过程中不可分割的一部分,而管理人员也是一个组织的管理梯队中重要的战略参与者,管理会计活动的主要目标的焦点都在管理者上。其资料来源既包括财务会计系统,也包括其他来源,企业的财务工作能够有效地进行全依靠这两个基础模块。管理会计为企业的非财务管理层提供财务分析,为项目经理从财务角度提供参考建议,为管理层决策提供可行性方案,监控企业支出,保持财务控制的有效性,进行风险管理和控制,为公司管理层定期提供财务信息报告等。

(三)知识模块之三:财务管理模块

从第三层次考量企业成本管理和绩效水平。财务管理要将科学的决策方法运用于理财活动的方方面面,如从企业内部的资本结构出发,以最低的成本筹集企业所需资金;选择最佳的债权资本和股权资本的资本结构比例,拟定合适的投资方案使企业价值达到最大化、合理分担企业的投融资风险，等等。财务管理是企业管理的核心，企业的任何决策都离不开财务决策，如开发新产品的资金投入、发行股票或债券的最优选择等。财务管理与财务会计的不同之处在于，财务管理重在管理；而财务会计重在实务操作，财务管理更着眼于从营运视角对资本效率的研究和管理，选择最匹配的金融产品、金融工具进行筹资配套，提高营运效率和资本回报率水平。财务会计、管理会计两大模块通过财务管理模块的延伸，共同形成了企业财务管控工作的立体观，最终将企业外部信息与内部资源整合成一个立体且内容丰满的架构。

（四）知识模块之四：财务分析模块

财务分析模块以指标体系为主要构成内容，以精准财务信息为起点进行分析，梳理数据分析信息并研究数据间的相关性，得出结果给定结论的综合研究。财务分析通过一定的逻辑主线对财务数据中的问题进行层层分解寻找答案，具体过程是以会计核算和报表资料及其他相关资料为依据，对企业过去和现在有关筹资活动、投资活动、经营活动的结果，以及经营过程中展现出来的偿债能力、盈利能力和营运能力状况进行分析与评价，为企业的投资者、债权人及其他组织或个人了解企业过去、评价企业现状、预测企业未来，提高与企业相关的决策制定的准确性。比如说，企业利润率下降的原因是什么？从财务分析视角出发，可能是产品销路不畅导致销售价格降低，或者是材料上涨导致销售成本提高等等。

（五）知识模块之五：公司估值模块

一般来说，公司的资产及获利能力决定于其内在价值。公司估值是对上市公司或非上市公司的内在价值进行评估。高水平的合理估值有利于对公司或其业务的内在价值进行正确评价，有利于交易确立时对各种交易进行合适的定价，便于计量显性和隐性的交易成本及其他费用。同时，对公司的准确估值是投资机构对其实行尽职调查的重要部分，也是投资机构回避风险免除责任的重要手段。公司估值还可以分析战略实施对其价值的影响，深入了解影响公司价值的各种变量之间的相互关系，判断公司的各项交易对其价值的影响，将对公司的认识转化为具体的投资建议。这一切都是建立在正确的估值方法上，具体的估值方法有很多，公司可以根据估值要求选择不同的估值方法。

这五大模块之间有着非常紧密的逻辑管理和数据交叉。与国家每年都要做财务预算一样,企业也要做每个会计年度的预算,预算里计划的企业预计利润增长率的依据就是财务会计里的营业收入和净利润。管理会计里的成本核算,除了作用于财务会计上的存货以及运营的计划成本与实际成本之差分析,还能从另一层次推断营运成本的未来增减趋势。企业的营运预算计划对现金流和资本需求会产生影响。财务管理的资本构成能够影响资产负债表中负债及权益资本的比例,进而影响企业平均资本成本,又会引起企业的筹资计划变动,同时对筹资现金流产生影响。可见,财务思维涵盖了各个财务模块和它们之间的逻辑关系,五大财务模块构成了财务活动的有机整体。

第四节 正确构建财务思维体系

财务人员在工作中会处理无数个大大小小的问题,当处理某一具体问题时,是用日常方式思维还是用财务思维,结果会有很大的不同。比如一个人创业伊始,固定资产是买还是租呢？如果这个人花了大笔资金购买固定资产,当其企业运转不下去要关门的时候,那些资产只能当废品卖掉。这时可以用财务思维来思考这个问题。作为创业企业(特别是互联网企业),最好是轻资产,因为谁也不敢说创业一定成功。固定资产投入过多会带来很多负担,比如资产的贬值、费用的增加、转型的潜在的风险等。轻资产的好处是比较灵活,在市场发生变动的时候,也可以随时做出调整。所以,当公司购置一件设备时,要考虑的不仅是这个设备能提高多少效率,解决多少问题,还要考虑这个设备计入固定资产,还有固定资产磨损计提折旧带来的利润减少等问题。

再比如企业销售人员做销售时想的都是怎样把东西卖出去,怎样卖得更多,销售人员用这种思维方式肯定是对的,但如果换作是管理销售的人,这种思维就是不完整的。因为从财务思维角度来看,作为一名管理者,他还需要考虑销售成本、利润、现金流、资金的回笼率,即销售把东西卖出去以后,在付完工资、提成、公司的各项费用后,还有没有利润？如果没有,那就是亏本生意,销售量越大亏损越大。

学习与实践是建立财务思维和知识体系的最好途径。首先,想一想自己"为什么要学习",解决学习目的问题,目的可以支持自身的职业发展,也可以为以后创业做一些管理能力的准备。然后，就要靠自己的学习和阅读建立思维，构建起来属于个人的财务思维框架。

一、建立自己的知识体系

1. 养成将学习过的知识点做成读书笔记，最好做出全书内容的思维导图。做到每看一本书都能理清重点、梳理层次、关注要点。把遇到的问题和处理办法记录下来，定期总结和分析。

2. 按自己的理解对不同的主题和知识结构进行重新整理，并做好注释，也就是常说的看书要留下痕迹。定期整理和汇总，不断调整自己的知识逻辑主线。

3. 读书要做到由薄到厚，再由厚到薄，前面的薄是因为不理解，后面的薄是因为理解透彻了。针对不同的学科、问题，写一些总结和归纳文章，做到知识学习的融会贯通。

二、寻找好的学习方式

(一)结果导向性财务思维

业务视角讲究的是过程。业务视角一般从提高市场占有率、降低员工离职率、降低次品率、开发新的供应商、增加研发预算等多个角度分析。但是财务视角讲究的是结果，一般会从收入、利润、现金流、资产、负债与净资产等视角分析。

无论有哪些业务的变量，最后都希望体现在一定的财务变量上。财务变量就是收入的上升，利润的增加，现金流变得充裕，资产质量得以提高，负债得以控制。

人力资源管理中有一套非常有名的工具，叫作平衡记分卡，我国管理水平优秀的各大企业、人力资源管理部门经理都在使用这个工具。这个工具的作用是什么呢，它是使具体的业务变量和财务变量对应起来，落实企业管理的战略。平衡记分卡最高级别的就是财务变量，财务变量下一个等级是客户方面的变量。为了追求好的财务绩效，必须要服务好顾客，要去了解市场。在下一个维度，是业务流程的问题，用具体的业务流程支撑顾客、支撑产品。

平衡计分卡作用就是将企业的战略目标层层分解，直至分解到具体反应某一类业务的指标，让业务指标跟随战略性目标，以及财务性目标能够顺利对接。

(二)整体性财务思维

整体性的财务思维要求在优化财务变量的时候,一定要将各个变量联系起来。财务变量包括资产、负债、净资产、收入、利润和现金流多个变量,各种财务变量都不是孤立存在而是互相影响,比如一个公司的收入情况,它会受到公司资产的制约,资产的数量和质量会直接影响收入,同时收入的变化也会影响资产的增减变动,资产数量的变化又会影响企业的债务策略。从另一角度来看,收入的增减会引起利润发生变化,利润变动会影响现金流变化,继而影响公司净资产变化。

假设一个公司未来的目标是要提高公司的营业收入,于是公司需要扩大经营规模,新购固定资产和提高存货储备。资产多了会引起债务的增加,而债务增加会带来利息费用的增加,债务成本提高最终影响公司盈利。所以,任何一个业务都会影响多个财务变量,这时就要用整体性的思维方式来评判公司的业务和财务问题。

参考文献

[1] 中华人民共和国财政部. 企业会计准则:合订本[M]. 北京:经济科学出版社,2019.

[2] 中华人民共和国财政部. 企业会计制度[M]. 北京:经济科学出版社,2001.

[3] 张新民. 战略视角下的财务报表分析[M]. 北京:高等教育出版社,2017.

[4] 张新民. 从报表看企业[M]. 北京:中国人民大学出版社,2014.

[5] 徐光华,柳世平. 财务报表解读与分析[M]. 北京:人民邮电出版社,2017.

[6] 郭永清. 财务报表分析与股票估值[M]. 北京:机械工业出版社,2018.

[7] 玛丽. 巴菲特,戴维. 克拉克. 巴菲特教你读财报[M]. 李凤,译. 北京:中信出版社,2009.

[8] 谢士杰. 读懂财务报表看透企业经营[M]. 北京:人民邮电出版社,2016.

[9] 蔡千年. 财务思维[M]. 北京:电子工业出版社,2018.

[10] 严俊梅. 论企业财务管理目标的合理选择[J]. 商场现代化,2010,12(10).

[11] 张先治. 企业投资应有明确的战略目标[J]. 财务与会计,2013,08(15).

[12] 陈卫东. 探究国有企业内控管理及财务风险防范分析[J]. 大众投资指南,2018,12(15).

[13] 张新民. 资产质量:概念界定与特征构建[J]. 财经问题研究,2009(12).

[14] 吴昊. 对管理会计中风险与成本控制的几点思考[J]. 会计师,2019,1(15).